墨香财经学术文库

"十二五"辽宁省重点图书出版规划项目

国家社会科学基金项目（11BJY067）研究成果

Study on the Linkage Effect Between the Revitalization of the

Old Industrial Base in Northeast China and the
Development of the Russian Far-East

中国东北老工业基地振兴与
俄罗斯远东开发联动效应研究

于慧玲　李凌艳　卢春月 ◎ 著

孙先民 ◎ 审

东北财经大学出版社
Dongbei University of Finance & Economics Press
大连

图书在版编目（CIP）数据

中国东北老工业基地振兴与俄罗斯远东开发联动效应研究 / 于慧玲，
李凌艳，卢春月著. 一大连：东北财经大学出版社，2019.6
（墨香财经学术文库）

ISBN 978-7-5654-3567-6

Ⅰ. 中… Ⅱ. ①于… ②李… ③卢… Ⅲ. ①老工业基地-区域经济
合作-国际合作-研究-东北地区、俄罗斯 ②区域开发-研究-俄罗斯
Ⅳ. ①F127.3 ②F151.254 ③F151.27

中国版本图书馆CIP数据核字（2019）第119251号

东北财经大学出版社出版发行

大连市黑石礁尖山街217号　邮政编码　116025

网　　址：http://www.dufep.cn

读者信箱：dufep @ dufe.edu.cn

大连永盛印业有限公司印刷

幅面尺寸：170mm×240mm　字数：121千字　印张：9.75　插页：1
2019年6月第1版　　　2019年6月第1次印刷
责任编辑：蔡　丽　　　责任校对：蓝　海
封面设计：冀贵收　　　版式设计：钟福建
定价：48.00元

前　言

　　经济全球化和区域经济一体化是世界经济发展的必然趋势。经济全球化将国家与国家之间的关系拉近，使国家间的联系更为紧密，相互依赖和相互制约不断增强，使合作双方从浅层次合作不断走向深层次合作。区域经济一体化是依存于全球经济一体化的区域经济集团化。其最大特征是开放性，即充分开发利用本区域内各种优势，追求协同效益，获得以区域为后盾的国际竞争优势。区域经济一体化的模式、职能、前景等归根到底由经济全球化决定，又推动经济全球化的进程。

　　世界各国和各地区为维护本国或本地区的利益，积极开展区域间的经济合作，中国和俄罗斯作为东北亚经济圈中的两个举足轻重的大国也不例外。2009 年 9 月，中俄元首正式签署了《中华人民共和国东北地区与俄罗斯联邦远东及东西伯利亚地区合作规划纲要（2009—2018 年）》（以下简称《规划纲要》），决定共同构建大交通、大流通、大市场格局，以推动毗邻地区在各个领域开展深入的合作，这意味着中国东北地区与俄罗斯远东和东西伯利亚地区的合作由优势互补向战略互动转化。《规划纲要》自实施以来推动了中俄双方基础设施的建设，尤其是俄罗斯加大了对远东地区基础设施建设的投入，把基础设施建设列为远东及贝加尔地区发展的重点。中国黑龙江省同江市至俄罗斯犹太自治州下列宁斯阔耶区、中国黑龙江省黑河市至俄罗斯布拉戈维申斯克市、中国黑龙江省饶河县至俄罗斯比金市都修建了冬天的浮箱固冰通道，并分别修建了跨江中俄铁路大桥和中俄公路大桥，这两座桥的贯通将为中俄贸易的跨越式发展提供有力保障。2019 年 6 月，中俄元首决定将两国关系提升为"新时代中俄全面战略协作伙伴关系"，预示了两国关系发展的新高度和两国合作的新机遇。随着两国政治上高度互信，经贸交往规模和水平日益提高，双方不断寻求深化经济合作的途径，尤其是两国的地缘优势为两国发展地缘经济区创造了有利条件。中国已连续多年成为俄罗斯远东地区对外经济合作的第一合作伙伴，中国边境地区成为俄罗斯远东地区经济发展的重要外生动力。尽管中俄双方在增进互信、拓展地区合作领域、促进区域经济发展、改善投资发展环境、加强基础设施建设、开展多领域合作等方面作出了积极努力，但面对当前复杂世界经济形势的挑战，面对《规划纲要》实施存在的问题，积极推动中俄区域经济联动是实现中俄新时代全面战略协作伙伴关系新目标的有效途径。

东北老工业基地振兴战略通常是指由中华人民共和国国务院实行的针对中国东北地区等老工业基地的振兴计划，该计划包括国家的实际拨款资金援助、相对应的优惠政策；实行该计划的东北地区包括黑龙江、吉林和辽宁三省以及内蒙古自治区东部（"三市二盟"，包括呼伦贝尔市、通辽市、赤峰市和兴安盟、锡林郭勒盟）。

俄罗斯远东开发战略通常是指由俄罗斯联邦政府为东西部发展平衡针对俄罗斯远东及贝加尔地区制定的开发战略。该战略是一部国家的综合性战略，包含了政治、经济、军事、文化、科技等多方面内容，总结梳理了俄罗斯远东及贝加尔地区各联邦主体的经济社会发展现状、存在的不足和问题，并提出2025年前社会经济的发展目标。俄罗斯远东地区的行政区划包括：①4个边疆区——滨海边疆区、哈巴罗夫斯克边疆区、堪察加边疆区、外贝加尔边疆区；②3个州——阿穆尔州、马加丹州、萨哈林州；③2个共和国——萨哈共和国、布里亚特共和国；④1个自治州——犹太自治州；⑤1个自治区——楚科奇自治区。①

联动是指若干相关联的事物中，当其中一个事物运动或变化时，其他事物随之运动或变化的过程，表现为关联互动、带动、融合、协作。联动主要有区域联动、产业联动、企业联动等。效应指相互作用的效果。中国东北老工业基地振兴与俄罗斯远东开发联动效应是指中国东北地区与俄罗斯远东地区在互惠互利原则下通过规划互绘、制度互接、资源互用、设施互联、市场互通、产业互动、文化交融等合作互动对两地经济社会发展产生的影响。

近年来，国内外学者对中俄区域合作进行了大量研究。国内学者主要集中在宏观对策和具体合作领域，如李传勋的《中俄区域合作研究》、郭连成的《俄罗斯东部开发新战略与东北亚经济合作研究》、陆南泉的《中俄经贸关系现状与前景》、宋魁的《俄罗斯东部资源开发与合作》、朱显平和季塔连科的《俄罗斯东部与中国东北的互动发展及能源合作研究》、刁秀华的《俄罗斯与东北亚地区的能源合作》等，还有学者如刘爽、郭力、马友君、戚文海、姜振军、赵传君、张弛等对《规划纲要》落实问题以及中俄贸易结构、合作机理、合作路径、合作模式等方面的研究。国外代表性观点主要来自俄罗斯科学院远东研究所、俄罗斯战略研究所等研究机构，

① 中华人民共和国商务部网站（http://www.mofcom.gov.cn/article/i/jyjl/e/201811/20181102804051.shtml）新闻：俄罗斯总统普京2018年11月3日签署总统令，将原属于俄罗斯西伯利亚联邦的外贝加尔边疆区和布里亚特共和国划至俄罗斯远东联邦区。本书完稿时间早于2018年11月，因此本书中关于俄罗斯远东地区的数据中不包括外贝加尔边疆区和布里亚特共和国。

如季塔连科认为应该大力推进中国东北地区与俄罗斯远东地区的经济合作，特别关注高新技术领域的合作[①]；阿·布雷和尤·邱多杰耶夫基于俄罗斯远东地区的经济社会形势分析了俄罗斯远东地区与东北亚国家的经济贸易合作发展，同时展望了 21 世纪第二个十年中俄远东区域合作的前景[②]；阿·塔拉修克深入分析了中国东北地区的经济潜力，并提出为推进中俄毗邻地区统一经济空间建设，双方要努力弱化和取消要素流动限制[③]；马·拉德琴科指出，俄罗斯应积极改变对中国的出口政策，扩大对附加值较高产品及机械、技术设备等高科技产品的出口[④]；波·卡尔彼奇提出了中俄跨地区合作的方式及各省区的角色[⑤]；拉·诺沃谢洛娃提出了通过多种模式活跃双边投资，以推进中俄地区合作[⑥]；阿塔诺夫提出将中俄地区的合作项目按重要性及对经济发展的战略意义进行分类排序，以实现经济合作最优化[⑦]；阿·奥斯特洛夫斯基认为俄罗斯远东地区必须依靠科技与资源优化与中国东北老工业基地合作[⑧]；伊沙耶夫指出："俄罗斯在中俄双边经济合作领域的战略必须改变。"[⑨]

综合国内外学者的研究，对中俄区域联动方面的研究比较少，周延丽首次提出区域联动概念并指出联动是新时期中俄区域经济合

① 季塔连科. 中国振兴东北战略与俄中合作 [J]. 许金秋，编译. 东北亚论坛，2004，13（6）：23-27.
② [1] 布雷. 21 世纪第二个十年中俄远东区域合作的现状及前景 [J]. 马友君，译. 西伯利亚研究，2011（4）：15-16. [2] 布雷. 俄东部地区与东北亚国家经济贸易合作的发展 [J]. 西伯利亚研究，2008，35（4）：18-19..
③ ТАРАСЮК А. Экономический потенциал северо-восточного Китая и его влияние на развитие сотрудничества с приграничными регионами России [J]. Проблемы Дальнего Востока，2007（2）：97-108.
④ 拉德琴科. 俄罗斯远东地区与中国东北地区发展边境合作的趋势和前景 [J]. 徐向梅，译. 俄罗斯中亚东欧市场，2012（5）：42-43.
⑤ КАРПИЧ В А. Роль провинций во внешнеэкономическом развитии КНР и межрегиоеальные связи России и Китая [J]. Российский Внешнеэкономический Вестник，2005（5）：31-35.
⑥ НОВОСЕЛОВА. Российско-китайское экономическое взаимодействие: проблемы оживления инвестиционной составляющей [J]. Российский Экономический Журнал，2008（1-2）：42.
⑦ 阿塔诺夫.《2018 年前俄联邦远东和东西伯利亚与中国东北地区合作纲要》实现的条件和风险研究 [J]. 陈秋杰，译. 西伯利亚研究，2010，37（5）：11-12.
⑧ 奥斯特洛夫斯基. 俄罗斯远东和中国东北共同发展计划：问题与前景 [J]. 林琳，译. 俄罗斯学刊，2012（2）：13-23.
⑨ ИШАЕВ. Полпред Ишаев китайской угрозы не боится [EB/OL].（2019-01-20）[2019-04-08]. http://vladnews.ru/2868/Podrobnosti/Polpred_Ishaev_kitayskoy_ugrozi_ne_boitsya.

作的必然趋势，其主题是携手共进①；另外有邓正琦和李碧宏的《区域经济联动与整合研究——以渝鄂湘黔交界民族地区为例》以及敖丽红的《区域间创新联动发展机制与对策的研究——以辽宁沿海经济带与长吉图区域为例》等。但对中国东北老工业基地振兴与俄罗斯远东开发联动效应方面的研究，尤其从实证角度进行研究的学者很少。本书立足已有的研究成果，对区域经济联动效应的内涵加以界定，分析中国东北振兴与俄罗斯远东开发联动效应是对区域分工理论和区域合作理论在跨国区域合作开发中的应用视角与结合途径进行探讨，是对传统跨国区域合作原则及模式理论的空间扩展。研究中国东北振兴与俄罗斯远东开发联动效应有益于促进双方合作环境的优化，深化合作领域，拓展合作空间，推动两国经贸关系的进一步发展，提高合作质量和效益，为中俄两国的政治友好关系长久发展奠定坚实的经济基础。

本书作者的撰写与订正分工是：黑河学院于慧玲教授负责撰写第1章，第4章，第5章5.2部分、5.3.1（4）部分，重新订正第2章、第3章和第5章；黑河学院李凌艳讲师负责撰写第2章2.1部分、2.3部分，第3章3.1部分、3.2部分，以及第5章5.3.1（1）—（3）部分、5.3.2部分、5.5部分；长春师范大学卢春月教授负责撰写第2章2.2部分，第3章3.3部分，第5章5.1部分、5.4部分；哈尔滨商业大学孙先民教授负责全书的审稿工作。

由于本书是围绕中国东北地区与俄罗斯远东地区的联动展开分析，需要中国东北地区与俄罗斯远东地区相对应的经贸统计数据，但双方统计数据存在一定的时滞性和不完全对接性，在一定程度上影响了实证分析的准确性。同时，国际形势变数较大，因此在部分章节的资料支撑上必然存在一定欠缺性，对策和建议的提出还存在相应的局限性。敬请各位读者批评指正，并提出宝贵意见。

---

① 周延丽，史春阳. 中国东北振兴战略与俄罗斯开发远东战略的联动趋势 [J]. 俄罗斯中亚东欧市场，2006（12）：35-38.

此书出版得到国家社科基金项目"东北老工业基地振兴与俄罗斯远东开发联动效应研究"（11BJY067）经费支持，本著作系该项目的最终研究成果。

著　者

2019 年 6 月

目　录

第1章 相关理论基础

1.1 地缘政治经济理论

随着冷战结束后贸易和经济增长对全球的影响越来越大，国家之间的合作共赢在增进安全、保障人权和传播民主中的作用日益凸显。20世纪90年代美国学者在地缘政治理论的基础上开创了地缘政治经济理论。地缘政治经济理论是以国家为主体、以地缘因素为基础，探讨特定地缘空间范围内特定行为主体之间的政治经济互动关系，并获得国家利益的政治经济理论。

在经济全球化背景下，国家之间的竞争已由传统意义上的领土扩张和势力范围的争夺演变为国家之间经济与科技文化的竞争。地缘经济发展主导地缘政治关系的演变，同时地缘经济发展依赖于稳定的地缘政治环境。西方地缘政治经济理论研究的实质是利用地理优势追求国家利益乃至强权政治，但全球金融危机、气候和能源等一系列全球问题的出现，需要国家之间通过合作实现互利双赢或多赢，使地缘政治经济理论研究的核心问题转向如何围绕左右世界政治经济发展的重要问题开展合理有序的竞争与合作，从而有效应对各种风险和挑战。

中国东北地区与俄罗斯远东地区是基于特殊的陆路或水路战略通道形成的中俄两国边境地区地缘政治经济合作关系，双方通过地缘战略对接制定有效的联动机制，不仅可以使中俄两国受益，促进双边地区的经济、科技和文化发展，同时对稳定东北亚政治经济格局及世界政治经济稳定发展具有重要的意义。

1.2 要素禀赋理论

要素禀赋是指一国所拥有的两种生产要素的相对比例。这一理论认为，各国的资源条件不同，也就是生产要素的供给情况不同，这是国际贸易产生的基础。[①]

根据赫克歇尔和俄林（H-O）的理论，各国应该集中生产并出口那些能够充分利用本国充裕要素的产品，进口那些需要密集使用本国稀缺要素的产品。[②]国际贸易的基础是生产资源配置或要素储备比例上的差别。

中国东北老工业基地和俄罗斯远东地区的要素禀赋存在明显差异，两个区域的发展要利用要素禀赋的差异寻求经济发展的互补和相互支持，求同存异。求同，是指实现区域合作，秉持相互依赖的原则，形成共同市场；求异，是指进行区域分工，实现国际专业化。

---

① 刘升学，徐华，谭军红. 论"资源诅咒"的误区 [J]. 全国商情·理论研究，2010（13）：8-10.
② 查菊红. 东亚区域经济合作现状及影响因素分析 [D]. 南京：河海大学，2007.

1.3　比较优势理论

比较优势理论是英国经济学家大卫·李嘉图在亚当·斯密的绝对优势理论的基础上，于 1817 年出版的《政治经济学及赋税原理》中提出的。比较优势理论认为，国际贸易的基础是生产技术的相对差别（而非绝对差别），以及由此产生的相对成本的差别。每个国家都应根据"两弊相衡取其轻，两利相权取其重"的原则，集中生产并出口其具有"比较优势"的产品，进口其具有"比较劣势"的产品。①俄罗斯远东地区集中了巨大的自然财富，如矿产、原料和能源资源，具有无可争议的潜在优势。②中国东北地区是主要的老工业基地之一，有良好的工业基础，自然资源和人力资源丰富，科技产业具有潜在优势。中国东北地区与俄罗斯远东地区具有明显的产业互补性。

1.4　相互依赖理论

相互依赖理论又称相互依存理论，以国家间关系、世界政治经济关系的相互影响和相互制约为研究对象。③该理论于 20 世纪 60 年代由美国经济学家理查德·库珀在《相互依赖经济学——大西洋社会的经济政策》一书中提出。库珀认为，相互依赖是指一个国家或地区对另一个国家或地区经济活动双轨的相互作用和影响程度。

相互依赖理论虽然未从根本上改变西方传统国家的"依附论"，但它在很大程度上反映了当今世界的客观现实，是对世界相

① 佚名. 强化"骨肉相连"　深化"血脉相融"——河北省廊坊市推进协同发展"走在前列、干在实处"[J]. 领导之友，2016（10）：50-52.
② 季塔连科. 亚太地区的安全稳定与俄中利益 [J]. 朱显平，张辛雨，编译. 东北亚论坛，2012（6）：3-9.
③ 胡佳. 跨区域地方政策协调机制研究 [D]. 南宁：广西民族大学，2008.

互依存状况的概括和总结，为区域经济一体化的形成和发展提供了有力的理论依据，对中国东北老工业基地振兴与俄罗斯远东开发联动效应的研究具有一定的指导意义。

第一，在世界经济一体化发展的背景下，中俄作为毗邻国家，在经济交往中两个区域相互依赖的程度日益加深，兼顾两国利益的合作促进了生产要素的流动和资源配置。相互依赖是东北老工业基地振兴与俄罗斯远东开发联动的重要因素。

第二，由于相互依赖是双向影响和传递的，中国东北地区和俄罗斯远东地区在许多方面拥有共同利益，在相互依赖中便于双方获得发展自身的有利条件，产生利好效应。

第三，中俄双方在相互合作、相互依赖和相互竞争中，必然存在利益纷争，应在尊重各国主权、平等互利、和平共处的前提下，通过多方协调管理机制，实现两个区域的协调发展，从而获得两国各自更大的利益。

1.5　区域经济一体化的基本理论

区域经济一体化，一般是指地域相邻或相近的两个或两个以上国家或地区，以获取区域内国家或地区间的经济集聚效应和互补效应为宗旨，通过制定共同经济贸易政策等措施，消除相互之间阻碍要素流动的壁垒，实现成员产品甚至生产要素在区域内自由流动，进而协调成员之间的社会经济政策，形成一个超越国界或地区边界的商品、资本、人员和劳动力自由流动的跨国或地区性经济区域集团的过程。区域经济一体化的目的是在成员之间进行分工协作，更有效地利用成员的资源获取国际分工的利益，促进成员经济的共同发展和繁荣。区域经济一体化的基本理论主要包括关税同盟理论、自由贸易区理论、共同市场理论和大市场理论、协议性国际分工理论、发展中国家经济一体化理论等。[①]

1.5.1　关税同盟理论

关税同盟是美国经济学家维纳（J. Viner）在其 1950 年出版的《关税同盟问题》一书中提出的，是指两个或两个以上国家或地区缔结协定，建立统一的关境，在统一关境内缔约方相互间减让或取消关税，对从关境以外的国家或地区进口的商品实行共同的关税税率和外贸政策。[②]关税同盟既产生静态效应又产生动态效应。

静态效应包括贸易创造效应、贸易转移效应、社会福利效应、贸易条件效应等。贸易创造效应通常被视为一种正效应。从世界范围来看，这种生产转移提高了资源配置效率。贸易转移效应通常被视为一种负效应。从世界范围来看，这种生产转移降低了资源配置效率。[③]一国加入关税同盟前的关税水平越高，加入关税同盟后国内价格下降的幅度就越大，因而就越有可能获得福利的净增加。一般来说，关税同盟的贸易转移会具有大国效应，即同盟内国家或地区减少从同盟外国家或地区的进口，导致外部世界市场的供应价格下降。这样，同盟成员的贸易条件就可能会得到改善。由于贸易条件改善，同盟成员的社会福利也得以增加。

动态效应是指关税同盟对成员就业、产出、国民收入、国际收支和物价水平所造成的影响，主要包括规模经济效应、竞争效应和投资效应。由于中国东北老工业基地与俄罗斯远东地区的企业规模还未达到最优，所以建立关税同盟有以下作用：

一是可以突破一国市场的限制，使成员原来分散的小市场结成中俄边境地区统一的大市场，通过提高整个区域的专业化分工程度，组织大规模生产，降低生产成本，使成员企业获得规模经济递

---

① 陈能睿. 建立两岸共同市场的效应分析 [J]. 东南学术, 2005 (5)：91-95.
② 毛健, 刘晓辉, 张玉智. 图们江区域多边合作开发研究 [J]. 中国软科学, 2012 (5)：80-92.
③ 梁双陆, 程小军. 国际区域经济一体化理论综述 [J]. 经济问题探索, 2007 (1)：40-46.

增效益，降低世界市场的竞争激烈程度和许多不确定性。

二是将促进成员同类企业之间的竞争。由此形成的关税同盟内部的垄断企业，有助于抵御外部企业的竞争，甚至有助于关税同盟的企业在第三方市场上与别国企业竞争。

三是促使投资的增加。随着市场容量的扩大，同盟内企业为了生存和发展而不断地增加投资；同时，同盟外的企业为了绕开关税同盟贸易壁垒的限制，纷纷到同盟内进行投资，在同盟内部设立"关税工厂"（tariff factory），从而增加来自关税同盟以外的投资。

1.5.2　自由贸易区理论

自由贸易区即两个或两个以上经济体，依据谈判达成协议而建立起来的成员之间相互取消贸易壁垒的经济一体化组织形态。根据英国经济学家罗布森的分析，自由贸易区与关税同盟相比有两个特点：一是成员对非成员的进口有制定关税的自主权。二是在自由贸易区适用原产地规则，即产品必须原产于区域内或产品的主要部分原产于区域内，这种产品才可以在区域内进行自由贸易。但区内某成员向其他成员出口产品，同时从区外进口相同产品，以代替本国产品满足国内需求的贸易偏转现象是无法用原产地规则加以消除的。

与关税同盟的情况一样，自由贸易区也可以有贸易创造效应和贸易转移效应，但与关税同盟的这两种效应在实际运作中存在差异。[①]加入自由贸易区后，生产效率较低的国家或地区的贸易效应和福利效应与其需求曲线弹性有密切的关系，福利变化与关税同盟情形相似。但对于生产效率较高的国家或地区，在自由贸易区条件下的福利水平的提高肯定优于关税同盟。此外，从外部世界来看，在关税同盟条件下，外部世界的出口会减少，社会福利水平随之下

---

① 马博. 中国沿边地区区域经济一体化研究［D］. 北京：中央民族大学，2011.

降；在自由贸易区条件下，外部世界的出口不但不会减少，反而会增加。这样，外部世界的福利水平也可以得到提升。

1.5.3　共同市场理论和大市场理论

关税同盟理论和自由贸易区理论是国际区域经济一体化的基本理论，其主要假设是成员之间的生产要素是不流动的。共同市场是比关税同盟更高一个层次的国际区域经济一体化形式，它不仅通过关税同盟而形成的贸易自由化实现了产品市场的一体化，而且通过消除区域内要素自由流动的障碍，实现了要素市场的一体化。共同市场的概念早期出现在 1956 年斯巴克的报告中。第二次世界大战后"共同市场"一词已被广泛使用。

共同市场理论主要是探讨在关税同盟的基础上消除生产要素自由流动的障碍以后成员所获得的经济效应。当经济一体化演进到共同市场之后，区内不仅实现了贸易自由化，其要素可以在区内进行自由流动，而且会形成一种超越国界的大市场。这样，一方面，生产在共同市场的范围内沿着生产可能性曲线重新组合，从而提高资源的配置效应；另一方面，区内生产量和贸易量的扩大使生产可能性曲线向外扩张，促进区内生产的增长和发展。

大市场理论是从动态角度来分析国际区域经济一体化所取得的经济效应，其代表人物是经济学家西托夫斯基（T. Scitovsky）和德纽（J. F. Deniau）。这一理论以共同市场为分析基础，主要论述了国际区域经济一体化的竞争效应。大市场理论的核心思想是扩大市场，这是获取规模经济的前提条件。市场扩大带来的竞争加剧将促成规模经济效益的实现。西托夫斯基和德纽分别从"小市场"和"大市场"的角度分析了大市场理论的经济效应。西托夫斯基认为小市场的经济会出现"恶性循环"，因此建立共同市场之后，大市场的经济会出现"良性循环"；德纽认为大市场建立后，"经济就会开始滚雪球式地扩张"。

至目前为止，共同市场理论已在欧盟付诸实施，并且取得了成功，但是在南南型和南北型国际区域经济一体化中还没有得到应用，主要是因为共同市场理论的实施必须建立在关税同盟或自由贸易区的基础上，且各成员的经济发展水平和经济发展阶段必须大致相同。

1.5.4　协议性国际分工理论

传统的国际分工理论是以长期成本递增和规模报酬递减为基础的，而没有考虑到长期成本递减（以及成本不变）和规模报酬递增。但事实证明成本递减是一种普遍现象，国际区域经济一体化的目的就是要通过大市场化来实现规模经济，这实际上也就是长期成本递减的问题。为了说明这个问题，日本学者小岛清提出了协议性国际分工理论。

协议性国际分工理论的内容是，在实行分工之前两国或地区都分别生产两种产品，但由于市场狭小，导致产量很小、成本很高，两国或地区经过协议性分工以后，都各自生产一种不同的产品，导致市场规模扩大，产量增加，成本下降，协议各国或地区都享受到了规模经济的好处。

尽管协议各国或地区都享受到了规模经济的好处，但是要使协议性国际分工取得成功，必须满足三个条件：

①实行协议性分工的两个（或多个）国家或地区的要素比例没有多大差别，工业化水平和经济发展阶段大致相同，协议性国际分工的对象商品在各国或地区都能进行生产；

②作为协议性国际分工对象的商品，必须是能够获得规模经济效益的商品；

③对于参与协议性国际分工的国家或地区来说，生产任何一种协议性对象商品的成本和利润的差别都不大；否则，就不容易达成协议。

因此，成功的协议性国际分工必须在同等发展阶段的国家或地区建立，而不能建立在工业国与初级产品生产国之间；同时，发达国家之间可进行协议性国际分工的商品范围较广，因而利益也较大。另外，生活水平和文化等方面互相接近的国家和地区容易达成协议，并且容易保证相互需求的均等增长。

但是也有学者认为，通过协议性国际分工获取规模效益也不是绝对的，因为在区域内企业生产规模已经达到最优的情况下，因国际区域经济一体化组织的建立导致生产规模的再扩大反而会因平均成本的上升而出现规模报酬递减的状况。

1.5.5　发展中国家经济一体化理论

国际区域经济一体化的不断加强以及发达国家经济一体化的成功实践使得发展中国家的经济一体化成为近些年来人们讨论的重要话题。发展中国家和谁实行经济一体化以及如何实行经济一体化，这就是所谓的"集体自力更生理论"。该理论又分为结构主义的中心-外围理论、激进主义的国际依附理论和综合发展战略理论。

（1）中心-外围理论

中心-外围理论的代表人物是缪尔达尔（Gunnar Myrdal）、普雷维什（Raúl Prebisch）和辛格（Hans Singer）。普雷维什是最早提出中心-外围理论的学者之一，他认为世界"经济星座"由"中心"（富裕的资本主义国家）和"外围"（生产和出口初级产品的发展中国家）组成。中心国家和外围国家组成的现行国际经济体系是不合理的，它只有利于发达国家而损害发展中国家经济的发展。缪尔达尔则运用扩散效应和回波效应理论来分析现代国际经济体系对发展中国家利益的损害，认为回波效应的力量超过了扩散效应的力量，经济发展的结果往往不是带来共同富裕，而是使贫富进一步悬殊。因此他们建议发展中国家实行进口替代的工业化战略，打破旧的国际经济体系，以发展中国家合作的集体力量来与"中心"国家抗衡。

（2）国际依附理论

在对现代国际经济体系的认识问题上，比结构主义的中心-外围理论还要激进的是激进主义的国际依附理论。其主要代表人物有巴兰（Paul Baran）、阿明（Samir Amin）、弗兰克（Andre Gunder Frank）、卡多佐（F. H. Cardoso）、桑克尔（Osualdo Sunkel）、桑托斯（M. Santos）和伊曼纽尔（A. Emmanuel）等。这些学者认为发达国家和发展中国家的关系是富国支配穷国、穷国依附于富国并受之剥削的"支配-依附"关系，因此他们认为发展中国家要实现真正的经济发展，必须进行内部彻底的制度和结构变革，彻底摆脱对发达国家的依附。

（3）综合发展战略理论

虽然上述理论对发展中国家经济一体化产生了重要的影响，但是学者普遍认为对发展中国家经济一体化作出阐述的最有影响力的是鲍里斯·塞泽尔基的综合发展战略理论。该理论的思想包括以下要点：

①把发展中国家的国际区域经济一体化视为一种发展战略；

②它不限于市场的统一；

③认为生产和基础设施是其经济一体化的基本领域；

④通过区域工业化来加强相互依存性；

⑤强调有效的政府干预；

⑥把经济一体化看作集体自力更生的手段和按照新秩序逐渐变革世界经济的要素。

另外，它考虑了经济、政治和机构等多种要素，而不是单纯从贸易、投资等层面来考虑经济一体化的效应。综合发展战略理论为我们进一步探讨发展中国家的国际区域经济一体化问题提供了可参考的依据。

本章小结

　　国际区域经济一体化，已成为当今世界经济发展的必然趋势。目前，我国正在积极地融入世界经济全球化进程，国际区域经济一体化理论对我国具有重要的借鉴意义。中国作为一个发展中大国，参与的一体化组织既有南南型又有南北型，合作的组织分别处于不同的发展阶段，如 APEC 就是南北型，合作比较松散，目前主要局限在贸易方面，在经济、技术等其他方面的合作还很有限，因此，协议性国际分工理论具有较强的借鉴价值；中国-东盟自由贸易区是南南型一体化组织，目前合作进展较为顺利，但由于成员之间经济发展阶段不同，发展差距很大，因此，在借鉴传统的自由贸易区理论的基础上，可运用综合发展战略理论推进中俄自由贸易区的建设进程。我国正在积极推进的上海合作组织、东北亚次区域经济合作以及 "一带一路" 倡议，都需要在上述一体化理论的基础上，探索建立符合我国与周边国家经济特点的一体化理论，指导我国的对外开放与国内经济的协调、统一发展。

第 2 章　中国东北老工业基地振兴与俄罗斯远东开发联动现实基础

2.1　中国东北老工业基地经济发展概况

2.1.1　中国东北地区的基本情况

中华人民共和国成立初期，东北地区作为国家重点投资地区，在苏联的援助下，完成了 56 项重点工程的建设，形成了以钢铁、机械、石油、化工为主导的工业体系，是社会主义工业建设的摇篮和"共和国的总装备部"。在计划经济时代，东北地区的发展是辉煌的；但改革开放以来，在计划经济向市场经济转轨过程中，受长期计划经济体制的影响，体制性、结构性矛盾日益突出，经济发展滞后，与沿海发达地区的差距不断扩大，尤其是我国加入世贸组织后，东北地区发展面临严峻的考验。

党的十六大提出"支持东北地区等老工业基地加快调整和改造，支持资源开采型城市发展接续产业"。在党和国家领导同志赴东北三省就老工业基地调整改造进行调研后，2003年的《政府工作报告》提出了支持东北地区等老工业基地加快调整和改造的思路。2003年10月，中共中央、国务院下发经过国务院常务会议及中共中央政治局讨论通过的《关于实施东北地区等老工业基地振兴战略的若干意见》，标志着振兴东北老工业基地战略正式启动。

东北地区包括辽宁省、吉林省、黑龙江省和内蒙古自治区东部，是我国东北边疆地区自然地理单元完整、自然资源丰富、多民族深度融合、开发历史近似、经济联系密切、经济实力雄厚的大经济区域，在全国经济发展中占有重要地位。

（1）东北地区工业基础雄厚

东北地区之所以被称为老工业基地，是因为其在中华人民共和国成立初期就已经形成了对区域经济乃至全国经济发展产生巨大作用的工业集群区域，有着较为雄厚的工业基础。东北老工业基地是以苏联援建项目为骨干，在苏联工业模式和技术样板下建立和发展起来的。中国的工业产品中的许多个第一，如第一炉钢水、第一辆汽车、第一架飞机等都诞生在东北地区，其在我国社会主义工业化初期，为建设独立、完整的国民经济体系，推动我国工业化和城市化进程作出了历史性重大贡献。东北地区聚集了鞍钢、一汽、一重等涉及国家安全和国民经济命脉的国有重要骨干企业，是我国重化工业的重要基地。

由于国家早期的发展战略和产业布局，多年来，东北地区经济走的是以重型工业为主的工业化发展道路，其产业产值比重及产品产量排在全国前列。如表2-1所示，2014年东北三省原油产量占全国总产量的26.89%；乙烯产量占全国总产量的19.45%；

钢材产量占全国总产量的 7.86%；汽车产量占全国总产量的
15.19%，轿车产量占全国总产量的 20.33%；木材产量占全国总产
量的 9.21%。此外，还有大量成熟的高新技术产业和农产品加
工业。

表 2-1　　　　2014 年全国及东北三省部分产品产量

产品	全国	辽宁省	吉林省	黑龙江省	东北三省产量占全国产量的比例（%）
原油（万吨）	21 142.92	1 021.89	663.93	4 000.04	26.89
乙烯（万吨）	1 696.69	155.19	71.00	103.90	19.45
钢材（万吨）	112 513.12	6 950.80	1 412.20	483.50	7.86
汽车（万辆）	2 372.52	112.10	237.37	10.80	15.19
轿车（万辆）	1 248.31	61.00	182.20	10.60	20.33
木材（万立方米）	8 233.00	200.00	345.00	213.00	9.21

资料来源　国家统计局网站。

2014 年，东北三省拥有规模以上工业企业 25 323 个，占全国
规模以上工业企业总数的 6.7%，其中，国有及国有控股企业为
1 447 个，占规模以上工业企业总数的 5.7%，高于全国 4.98% 的平
均水平。[①]

（2）东北地区是重要的商品粮基地

2015 年，全国粮食总产量为 62 143.5 万吨，比 2014 年增加
1 440.8 万吨，增长 2.4%。其中，黑龙江省、吉林省、辽宁省和内
蒙古自治区的粮食总产量达到 14 800.5 万吨，比 2014 年增加 519.5
万吨，占全国粮食总产量的 36% 以上。[②]四省、自治区粮食总产量

①　《中国统计年鉴（2015）》。
②　中华人民共和国国家统计局《国家统计局关于 2015 年粮食产量的公告》。

在全国的比重从 2003 年的 17.7% 提高到 2015 年的 23.8%，是国家粮食安全的重要保障。

（3）东北地区人力资源丰富

东北地区人口在全国占有较大比重。截至 2014 年年底，东北三省人口占全国总人口的 8.02%。截至 2014 年年底，东北三省有普通高校 254 所，占全国的 10.04%；本专科在校生为 234.7 万人，占全国的 9.21%，存在明显的科教优势和大量的技术人才。尤其是哈尔滨工业大学、吉林大学、东北大学、大连理工大学等重点大学不仅为东北地区的经济发展培养了大量优质人力资源，还担当了东北地区经济发展的重要科技攻关主力。2014 年，全国人口变动情况抽样调查数据显示，东北地区的劳动力素质较高，其总人口中 15～64 岁人口占 79.07%，15 岁以上人口文盲率仅为 2.38%，其中，辽宁省为 1.78%，在全国居第 4 位。[①]

（4）东北地区自然资源丰富

东北地区拥有丰富的土地、森林、矿产、金刚石、金矿、淡水及海水鱼类等自然资源。东北地区分布着大小兴安岭、长白山以及辽阔的松辽大平原，这为我国的农业、林业发展提供了天然的自然条件。东北地区矿产资源丰富，主要矿种较为齐全。分布在鞍山、本溪一带的铁矿在全国占有重要的地位。2014 年，东北三省铁矿石基础储量为 56.7 亿吨，占全国储量的 27.44%；石油基础储量为 7.9 亿吨，占全国储量的 23.1%，大庆油田是目前开采中的最大油田；煤炭基础储量为 99.4 亿吨，占全国储量的 4.1%。[②]这些资源对建立冶金、燃料动力、化学、建材等基础工业起到了充分的保障作用。

（5）东北地区交通便利

东北老工业基地是我国处于东北亚的主要地区，俄罗斯、日

---

① 《中国统计年鉴（2015）》。
② 《中国统计年鉴（2015）》。

本、韩国、朝鲜、蒙古国已成为其重要的经贸合作伙伴。尤其是俄罗斯加入世界贸易组织之后，我国东北地区与俄罗斯远东地区的贸易发展出现了新的机遇。我国东北地区有立体便捷的交通网络：

①有鸭绿江、图们江、乌苏里江和黑龙江环绕，北倚俄罗斯，东邻朝鲜，西接蒙古国，南临黄海、渤海，拥有大连、营口、丹东等港口群。

②有哈尔滨太平国际机场、长春龙嘉国际机场、沈阳桃仙国际机场、大连周水子国际机场等 26 个机场。

③在中东铁路的基础上，东北地区现有东西连接俄罗斯的横向的滨洲铁路、滨绥铁路，南北纵向大动脉京哈铁路、沈大铁路、长图铁路、牡图铁路、牡佳铁路、沈吉铁路、吉舒铁路、拉滨铁路、京通铁路、通让铁路、齐北铁路、北黑铁路等，占全国铁路总长度的 24%，相当于全国铁路网密度的 2 倍。

④有京哈高速、绥满高速、哈同高速、鹤大高速、鹤哈高速、集双高速、丹阜高速、珲乌高速、吉黑高速、沈吉高速、沈海高速、丹锡高速、阜锦高速等公路网络。

2.1.2　中国东北地区社会经济发展面临的问题

（1）与全国其他地区相似，同样面临着"三期叠加"的状况

我国实施振兴东北老工业基地战略以来，东北地区的经济取得了跨越式的发展。东北地区在经济发展过程中，同样面临着经济增长速度换挡期、结构调整阵痛期、前期刺激政策消化期的"三期叠加"。

表 2-2 反映了 2003—2015 年东北地区生产总值的变化情况。2003—2012 年，历经 10 年振兴后，东北地区经济再现辉煌，地区生产总值增长了 3.07 倍，年均增速达 12.7%，城乡居民收入也大幅度提升。但从 2013 年以来，伴随着全国经济发展阶段的转变，

东北地区的经济增速放缓，东北地区经济下行压力加大，GDP增长突然"失速"。据国家统计局的数据，2015年，辽宁省、吉林省、黑龙江省的经济增长速度分别降为3%、6.5%、5.7%，东北三省GDP增速都远低于全国平均水平。

表2-2　　　2003—2015年东北地区的地区生产总值　　　单位：亿元

年份	东北地区	辽宁省	吉林省	黑龙江省	蒙东地区
2003	13 832.96	6 002.54	2 522.62	4 430.00	877.80
2004	16 194.63	6 872.65	2 958.21	5 303.00	1 060.76
2005	18 471.83	8 047.26	3 620.27	5 513.70	1 290.60
2006	21 369.50	9 304.52	4 275.12	6 211.80	1 578.06
2007	25 667.01	11 164.30	5 284.69	7 104.00	2 114.02
2008	31 152.78	13 668.58	6 426.10	8 314.37	2 743.73
2009	34 432.91	15 212.49	7 278.75	8 587.00	3 354.67
2010	41 541.76	18 457.27	8 667.58	10 368.60	4 048.31
2011	50 329.12	22 226.70	10 568.83	12 582.00	4 951.59
2012	56 268.42	24 846.43	11 939.24	13 691.58	5 791.17
2013	60 658.56	27 077.70	12 981.46	14 382.90	6 216.50
2014	64 064.66	28 626.58	13 803.81	15 039.40	6 594.87
2015	64 781.39	28 700.00	14 274.11	15 083.70	6 723.58

注：蒙东地区包括赤峰市、通辽市、呼伦贝尔市、兴安盟和锡林郭勒盟。

资料来源　2004—2015年的中国统计年鉴、内蒙古统计年鉴和国家统计局网站。

东北地区在经济结构调整过程中面临的困难与问题更为严峻。

首先，东北地区作为中华人民共和国成立初期的工业基地，能源经济和制造业在整体经济结构中一直占较大比重，而现代服务业、高科技产业的发展依然较弱。

其次，民营经济在东北地区的经济发展中所占比重偏小，受产业结构的影响，东北地区国有经济依然占据主体地位。

最后，产业结构调整、城镇失业、体制转型及劳动者的工资水平低等问题导致了东北地区的劳动参与率全国最低。1998年东北地区国企下岗职工，辽宁省有58.9万人，黑龙江省有52.8万人，吉林省有34万人，东北三省下岗职工占全国的1/4。2014年内蒙古自治区、辽宁省、吉林省和黑龙江省的城镇单位就业人员平均工资分别为53 784元、48 190元、46 516元和44 036元，均低于全国平均水平56 360元。

在中国东北振兴的十多年间，伴随着东北经济快速发展的是结构性的不平衡，在拉动经济的"三驾马车"中，投资一枝独秀，对经济贡献率超过60%。在财税来源中，房地产一业独大。为应对2008年全球金融危机而实施的以巨额投资为代表的刺激性政策，必然带来三个问题：

第一，过度及提前使用了经济增长的潜能，挤压了未来的发展空间，造成资源的无序开发以及环境的严重破坏。

第二，导致产能的急剧扩张，产能过剩问题更加突出。

第三，在短期内快速推高整体负债率水平，直接导致经济出现明显的泡沫化现象。

（2）曾经经济发展的长处已成为当前经济发展的短板

中国东北地区经济发展速度放缓，固然有宏观经济大环境的影响因素在里面，但东北地区自身发展遗留下来的诸多问题也成为阻碍其继续快速发展的障碍。曾经在东北地区经济发展中发挥过重要作用的石油、木材、煤炭、粮食产业，目前已经成为东北地区经济发展的负向拉动。由于多年开采和粗放使用，石油、煤炭、黑色金属等资源储量减少，资源枯竭和开采成本上升，使建立在这些资源基础上的东北地区原材料工业日益陷入困境。一些资源型城市也面临资源枯竭的问题，造成城市发展动力不足。东北地区是我国最重要的粮仓，但长期以来在东北地区的农业发展中，存在投入不足、农田基础设施比较落后、农业的抗风险能力比较差等问题。东北地区的产业结构调整还有待进一步优化，体制和机制有待于改革和创新。目前东北地区除石油天然气开采业、石油加工业和黑色金属冶炼及加工业这3个行业外，其余的行业市场占有率均在10%以下。许多传统优势产品由于竞争力低，市场日益萎缩。东北地区的工业发展缺乏活力，国企管理相对僵化，缺乏创新动力。

（3）区域协调联动发展动力不足

辽宁省、吉林省、黑龙江省和蒙东地区由于地理位置比邻，拥有着共通的历史、文化背景，资源禀赋、产业特色和产业结构具有高度的相似性和一致性，区位和基础设施具有整体性。其相似的资源结构和安排在计划经济时期，为我国经济的起步和发展发挥了重大的作用，但在振兴东北老工业基地的前期阶段，也正是这种相似性和一致性，使区域内部为加快各自省份和地区的经济发展，产生了极大的竞争性，在发展战略的规划和制定上，彼此缺乏协调与合作，甚至造成了一些狭隘性和盲目性的竞争，使整个区域内部的定位不明确，分工合作机制脆弱，造成了能源、资源的大量损耗。虽然近些年来，东北各省、地区之间加强了合作与联系，如在2010年建立了东北四省区合作行政首长联席会议制度，在旅游、物流、农牧业等方面签订了相关的合作框架协议，但从实际合作推进的进度和效果来看，东北地区的协调发展速度依然很慢。造成东北地区区域协调联动发展动力不足的原因，主要有以下两个方面：

一方面，行政体制对东北地区经济的影响依然较大。东北地区在计划经济时期形成的工业体系，导致该地区的大企业以国有企业为主，这些企业在经营管理上还残留着较多的行政痕迹，行政导向型的投资和经济发展使得企业经营往往不是以市场作为其行为的指导。同时，各省区在涉及自身利益时，往往暴露出行政区划与经济区划之间的矛盾，造成一些地区为了保护自身利益而阻碍区域经济整体融合与联系。

另一方面，东北地区的市场经济化程度较低，现行的一些制度和法规不够健全和完善，这在一定程度上阻碍了区域内各省、地区经济联动发展的积极性和可行性。目前，东北地区的区域合作进展较为缓慢，在一定程度上没有实现质的突破。

（4）对俄罗斯贸易的发展形势严峻

中国东北地区邻近俄罗斯，与其贸易往来较多。2009 年吉林省长吉图开发开放先导区和 2013 年内蒙古自治区东北部和黑龙江省沿边地区开发开放上升为国家战略，尤其是在"一带一路"倡议中，中国东北地区被定位为向东北亚开放的重要窗口，长吉图开发开放先导区是东北亚区域的核心区域，中国东北地区的对外贸易发展迎来了新的契机。但随着西方对俄罗斯经济制裁影响的加深，俄罗斯经济受到了极大的影响，也使得中国东北地区的对俄罗斯贸易形势较为严峻。据海关统计，2015 年中国对俄罗斯进出口总额为 4 227.3 亿元人民币，比上年下降 27.8%，占当年中国外贸进出口总额的 1.7%。其中，中国对俄罗斯的出口额为 2 162.3 亿元人民币，同比下降 34.4%；自俄罗斯的进口额为 2 065 亿元人民币，同比下降 19.1%；累计贸易顺差为 97.3 亿元人民币。其中，2015 年，原中国对俄罗斯贸易第一大省的黑龙江省的对俄罗斯贸易额实现 108.5 亿美元，同比下降 53.4%，占全省进出口总额的 51.7%，占全国对俄罗斯贸易总额的 16%，退居全国对俄罗斯贸易的第 2 位。

2.2 俄罗斯远东地区经济发展概况

2.2.1 俄罗斯远东地区的基本情况

俄罗斯远东地区面积为 6 952 600 平方千米, 是俄罗斯最大的联邦区, 占俄罗斯联邦总面积的 40.6%。

俄罗斯远东联邦区的 11 个行政区包括:

①4 个边疆区——滨海边疆区、哈巴罗夫斯克边疆区、堪察加边疆区、外贝加尔边疆区;

②3 个州——阿穆尔州、马加丹州、萨哈林州;

③2 个共和国——萨哈共和国、布里亚特共和国;

④1 个自治州——犹太自治州;

⑤1 个自治区——楚科奇自治区。

行政区中面积最大的是萨哈共和国, 有 310 多万平方千米; 最小的是犹太自治州, 面积为 3.63 万平方千米。除布里亚特共和国、外贝加尔边疆区和犹太自治州, 其他行政区都有出海口。①

俄罗斯远东地区是俄罗斯联邦面积最大的地区, 土地广袤, 人口稀少。据 2015 年 1 月 1 日统计数据, 该地区人口只有 620 多万人, 在俄罗斯各联邦区中占第 8 位。

俄罗斯远东地区是俄罗斯联邦最好的原料基地。这里蕴藏着俄罗斯 98% 的钻石、80% 的锡、90% 的硼、50% 的黄金②, 钨矿和锡矿储藏量全国领先, 铅和锌储量也很丰富。远东地区被大片森林覆盖, 俄罗斯联邦 33% 以上的木材生长在这一地区, 主要树种为

---

① 俄罗斯远东联邦区的网站 (https://forumvostok.ru/about/Дальневосточный/федеральный/округ)。
② 俄罗斯远东联邦区的网站 (https://forumvostok.ru/about/Дальневосточный/федеральный/округ)。

落叶松，还有针叶松、云杉、柞木、水曲柳、核桃楸等。该区域煤炭储量占俄罗斯的 1/3 左右，探明储量在 190 亿吨的煤矿有近 100 处，主要集中在萨哈共和国。堪察加边疆区、马加丹州、哈巴罗夫斯克边疆区等的石油储量约 90 亿吨，其中超过 65% 来自大陆架。俄罗斯远东地区河流纵横，水电资源预计有 2 700 亿千瓦时。该地区拥有大量由独特物种组成的水生生物资源，俄罗斯 65% 的鱼类和海产品出自这里，尤其是北太平洋远东海域，是生产能力最强的地区之一，全世界 40% 多的水生生物来自这里，内海生物资源储量达到 2 600 万吨。

俄罗斯远东地区丰富的自然资源为发展电力、煤炭开采、燃料加工、有色金属冶炼提供了有利的条件，也正因此，远东地区的主要产业为采矿业、采金业、渔业、林业和造船业。该地区 2012 年有备案企业和机构 187 939 家、小企业 92 650 家，2013 年有备案企业和机构 191 655 家、小企业 96 042 家，2014 年有备案企业和机构 195 079 家、小企业 93 600 家。

2014 年，俄罗斯远东地区的人均月收入为 31 974 卢布，人均居住面积（包括所有可利用住房）为 22.9 平方米，粮食产量为 773 300 吨，畜禽宰杀量为 130 900 吨，奶产量为 536 400 吨，各项指标都低于俄罗斯联邦的平均水平。

俄罗斯远东地区 2008—2015 年的地区生产总值如表 2-3 所示。

表 2-3　　　**俄罗斯远东地区 2008—2015 年的**

地区生产总值　　　　　单位：百万卢布

年　份	2008	2009	2010	2011	2012	2013	2014	2015
地区生产总值	1 534 868	1 730 519	2 110 721	2 532 572	2 700 318	2 833 436	3 222 508	3 103 275

资料来源　俄罗斯国家统计局网站。

俄罗斯远东地区的地区生产总值按贡献率大小的产业分布情况是：

①阿穆尔州的地区生产总值主要来源于交通和通信、采矿、建筑、批发和零售贸易、修理汽车和摩托车、日用品等。

②犹太自治州的地区生产总值主要来源于建筑、交通和通信、公共管理和国防、社会保险、农业、狩猎和林业等。

③堪察加边疆区的地区生产总值主要来源于公共管理和国防、社会保险、渔业、批发和零售贸易、修理汽车和摩托车、日用品、制造业等。

④马加丹州的地区生产总值主要来源于采矿，公共管理和国防，社会保险，批发和零售贸易，修理汽车和摩托车，日用品，电力、燃气及水的生产和分配等。

⑤滨海边疆区的地区生产总值主要来源于交通和通信、批发和零售贸易、修理汽车和摩托车、日用品、建筑、房地产经营、租赁和商业服务等。

⑥萨哈共和国的地区生产总值主要来源于采矿、交通和通信、建筑、批发和零售贸易、修理汽车和摩托车、日用品等。

⑦萨哈林州的地区生产总值主要来源于采矿、建筑、房地产经营、租赁和商业服务、批发和零售贸易、修理汽车和摩托车、日用品等。

⑧哈巴罗夫斯克边疆区的地区生产总值主要来源于交通和通信、批发和零售贸易、修理汽车和摩托车、日用品、公共管理和国防、社会保险、建筑等。

⑨楚科奇自治区的地区生产总值主要来源于采矿，电力、燃气及水的生产和分布，公共管理和国防，社会保险，建筑等。

2.2.2 俄罗斯远东地区社会经济发展面临的问题

（1）基础设施落后，生活水平较低

俄罗斯远东地区的交通、能源、社会基础设施不发达，自然资源开发程度低。苏联时期，远东地区一直是国家的原材料供应地和军工生产基地，长期处于封闭状态，基础设施建设滞后。苏联解体后，市场经济条件下没有足够的资金注入，而且由于恶性竞争导致经济不断下滑，使得俄罗斯远东地区的基础设施落后的状况没能得到改善。目前，俄罗斯远东地区的路网密度低且分布不均衡，交通运输设施老化严重，破损情况不容乐观，交通运输业服务价格高、质量差。俄罗斯远东地区的经济活动条件和人居条件差，社会基础设施和生活水平低下。

表 2-4 表明，2014 年俄罗斯远东地区的居民工资虽然有所提高，但是物价，特别是与生活密切相关的食品价格增长幅度远远高于工资的增长速度。相比较来说，人们的生活水平在原本不高的基础上又降低了。建筑业整体有所提高，但是结合居民收入看，基本没有什么改善。虽然工资提高了，但是消费没有明显的增长，一些区域反而出现了下降的情况，特别是楚科奇自治区。这也从侧面说明了人们的生活水平在下降。2014 年，俄罗斯远东地区的生活成本比全国平均水平高 40% 左右，贫困人口的比例高于全国平均水平。

表 2-4 2014 年俄罗斯远东地区居民收入与消费环比数据表

俄罗斯远东地区各主体	建筑业产值占2013年的比例	零售业营业额相比2013年的变化幅度	物价相比2013年的变化幅度		居民工资（2014年1月至11月相比2013年的变化幅度）
			食品	非食品	
萨哈共和国	112.8%	4.5%	11.8%	5.6%	10.3%
堪察加边疆区	94.9%	-0.8%	13.9%	5.1%	10.9%
滨海边疆区	109.2%	4.7%	15.1%	8.4%	9.6%
哈巴罗夫斯克边疆区	135.6%	4.8%	15.5%	8.4%	7.9%
阿穆尔州	89.0%	5.5%	12.6%	8.7%	8.5%
马加丹州	85.0%	5.5%	12.8%	6.9%	8.4%
萨哈林州	104.7%	0.8%	14.9%	5.2%	11.4%
犹太自治州	164.6%	-3.0%	18.1%	8.2%	6.9%
楚科奇自治区	432.3%	-10.1%	3.3%	4.1%	12.4%

资料来源 俄罗斯国家统计局网站。

（2）人口稀少，劳动力不足

俄罗斯远东地区有史以来就是一个地广人稀的地方，广袤的领土和稀疏的人口形成了该区域经济社会发展的矛盾。俄罗斯历史上曾多次采取措施吸引外来人口，发展至今，问题仍然存在。远东地区人口密度分布不均，更多的人居住在滨海边疆区，为12人/千米，而马加丹州的人口密度为0.3人/千米，大部分人口是俄罗斯人、乌克兰人和鞑靼人。与俄罗斯其他地区相比，无论是人口数量还是密度，俄罗斯远东地区都是最少的。

近些年来，由于经济萧条、生活水平下降、社会经济体制及政策变化等原因，俄罗斯远东地区的人口年均增长系数持续呈负值状态。2012—2014年，俄罗斯联邦总人口增加了611 000人，远东地区人口却减少了39 000人。俄罗斯远东地区除堪察加边疆区保持平衡外，其他行政区的人口都在下降。人口下降的原因主要是人口外流、死亡率大于出生率等，其中，人口外流现象突出。2012年俄罗斯远东地区迁入221 749人，迁出244 082人，负增长22 333人，其中萨哈共和国流失最多。2015年俄罗斯远东地区迁入227 840人，迁出249 905人，负增长22 065人，哈巴罗夫斯克边疆区居流失之首。

21世纪以来，俄罗斯一直致力于改善俄罗斯远东地区的人口状况，试图遏制人口不断减少的趋势，出台了一系列鼓励生育和促进经济发展的政策，希望通过对多子女家庭的补贴和提高生活水平来阻止远东地区的居民外流潮，但至今没有收到理想的效果。

其实，外国劳动力是解决俄罗斯远东地区劳动力不足的一个有效办法。但是，出于安全等因素考虑，俄罗斯政府从2008年开始采取了限制政策，实行配额制管理，用人单位只能按照配额雇用外国劳动力，而且限制条件越来越苛刻。自身劳动力有巨大缺口，又限制外国劳动力进入，这也从一定程度上制约了远东地区经济的发展。

（3）区域经济缺乏多样性和创新性

在俄罗斯远东地区经济中，工业的主要生产部门为燃料动力、有色金属开采与加工、机械制造、木材采伐与加工、捕鱼业等，工业发展领域显著失衡。经济发展严重依赖资源开发和初级产品加工业，尤其以采掘业为主，加工业发展滞后。加工业产值一直处于俄罗斯联邦的低端水平，采掘业产值成倍高出其他产业，机械制造领域没有创新发展，停留在苏联时期军事工业生产阶段。为此，俄罗斯远东地区的资源工业、能源工业比较发达，而食品加工业、轻工业比较落后，工业发展领域显著失衡。俄罗斯政府也试图改变这种失衡的状况，但在计划经济向市场经济转变的过程中，遭遇全球金融危机，国家投入不足，加上民用技术落后，从而制约了产业结构的调整升级。也就是说，计划经济时期的工业布局目前仍在潜移默化地运转，俄罗斯远东地区在俄罗斯经济发展中的身份一直没变——原材料和军工产品制造基地。

俄罗斯远东地区拥有大片土地，但是大部分位于常年冻土带，气候寒冷，不利于农作物的生长，种植业主要集中在自然条件较好的南部地区，主要以土豆、豆类等蔬菜为主。历史上俄罗斯远东地区的农业一直比较落后，苏联解体后，该地区的农业失去了中央财政的补贴，加上国内经济增长水平不断下降，给本已落后的农业生产又蒙上了一层霜。目前，俄罗斯通过了一系列稳定政策，经济有所发展，但是由于农业设备老化严重、农业生产劳动力短缺、农业投入不足等原因，远东地区的农业发展依然缓慢，农产品需要输入，同俄罗斯联邦其他地区相比滞后，今后发展的道路不容乐观。

俄罗斯远东地区有加入亚太经济体最有利的条件，但一直没能真正融入亚太经济一体化进程。俄罗斯远东地区南部边境地区的经济 70% 面向东北亚国家，但是并没有充分发挥地缘优势，出口产品结构单一，缺少创新性。

（4）技术和资源分布不均

俄罗斯远东地区的技术水平落后，人均劳动生产率低于俄罗斯全国平均水平，大约是美国的 1/6、澳大利亚的 1/5、日本的 1/4。经济最活跃的地区是远东地区的南部地区，如滨海边疆区集中了俄罗斯远东地区企业数量的 31%。滨海边疆区和哈巴罗夫斯克边疆区的制造业产值分别占俄罗斯远东地区产值总量的 27.49% 和 40.47%，其他主体的占比不超过 10%。萨哈共和国拥有俄罗斯远东地区 58.3% 的财富，其次是萨哈林州，为 12.2%，而犹太自治州只有 0.2%。2008 年的统计数据显示，俄罗斯远东地区的铁路密度比俄罗斯平均水平低约 25%，货运能力只有 6 000 万吨。铁路干线也主要分布在滨海边疆区、哈巴罗夫斯克边疆区、犹太自治州、阿穆尔州和萨哈林州等，北部大片区域没有铺设铁路。远东地区的公路运输远远滞后于全国水平，其路网分布不均，公路干线主要分布在南部地区。2008 年的统计数据表明，远东地区公共道路的铺设长度约是俄罗斯平均水平的 1/14，公共道路硬化密度约是全国的 1/6；俄罗斯联邦整体年运输量为 689 310 万吨，而远东地区年运输量只有 15 740 万吨。远东地区海岸线很长，但海洋运输不发达，码头功能不全，设施陈旧，技术落后。从总体上说，俄罗斯远东地区欠缺满足运输条件的基础设施硬件，加上冬季漫长、气候条件恶劣、服务水平低等原因，各种运输形式的运转状况都不佳，商品流通不畅，损耗过大，成本过高。

（5）金融基础设施薄弱，高度依赖联邦预算

远东地区的银行体系在俄罗斯联邦银行体系中的作用很弱，在区域结构中也没有发挥重要的作用，其信贷机构数量居俄罗斯联邦各地区之末，均以莫斯科和圣彼得堡分支机构的形式存在。

俄罗斯远东地区对财政依赖远远高于俄罗斯联邦其他地区，税收系统的垂直失控导致地方财政实现自给的可能性逐渐变小。

2.3 中国东北老工业基地振兴与俄罗斯远东开发联动的迫切性与可行性

中国东北地区是中国对俄经贸合作的重点区域之一，其对俄罗斯贸易总量约占中俄贸易总量的 40%，巩固和加强该地区的对俄经贸合作既关系到中俄经贸合作的总体发展，也关系到这一地区的稳定、发展及民众的福利。中国东北地区与俄罗斯远东地区之间有着漫长的共同边界，双方开展合作不仅有着地缘优势，而且有着两地民间长期形成的经贸联系和传统友谊。近些年，中国东北地区对俄罗斯合作发展态势良好，双边贸易额增长速度较快，同时，在合作形式多样化、贸易商品多元化方面有了很大改善。交通便利程度的提高及经济结构上的互补性促使两地的经贸关系发展迅速。目前，双方已成为彼此重要的贸易合作伙伴。

2.3.1 中国东北老工业基地振兴与俄罗斯远东开发联动的迫切性

在世界经济全球化与区域经济一体化的背景下，中俄区域合作发展越来越引起人们的关注。在这样的大趋势下，中俄毗邻地区的中国东北地区与俄罗斯远东地区在两国关系中的地位和作用日益显现。中国振兴东北老工业基地战略和俄罗斯开发远东及西伯利亚地区战略的同步实施，进一步提升了中俄毗邻地区的区域合作水平。联动是当前中俄毗邻地区合作的必然趋势。

面对当今世界局势和经济全球化带来的严峻挑战，中国东北老工业基地振兴与俄罗斯远东开发联动是两国区域合作发展的迫切需要，是顺应经济全球化和区域经济一体化趋势的必然选择。俄罗斯远东地区以其地缘和资源优势参与东北亚经济一体化是俄罗斯的正确选择。中国与俄罗斯作为东北亚地区的主要成员，积极推进该地区经济一体化，是作为该区域大国的责任，也是双方的共同期望，符合双方的国家利益。

（1）振兴东北老工业基地战略的需要

中国东北地区有全国最早、最完善的工业体系，但由于自然资源枯竭，配置性资源断裂以及依赖惯性使东北地区曾经关系国民经济命脉的战略产业和骨干企业日渐疲软。虽然振兴东北老工业基地战略提出至今已有十几年之久，但整个区域经济社会发展与振兴战略目标相差甚远，与东南沿海地区的差距更是越来越大，自身"造血"已然无法担起振兴发展的重担。要实现东北的全面振兴，还需要大力开展与国内发达地区及毗邻国家的合作，通过开放发展和创新发展实现自我嬗变。

俄罗斯作为中国的最大邻国，伴随两国友好关系的不断发展，俄罗斯远东地区必将是中国东北老工业基地开放发展的重要合作伙伴。加强与俄罗斯远东地区的联动是实施新一轮东北老工业基地全面振兴的重要因素。

（2）俄罗斯远东开发战略的需要

俄罗斯远东地区作为俄罗斯联邦重要的军事生产基地，人口少，基础设施、经济发展水平远远落后于欧洲地区。

首先，从维护国家安全角度看，为了保障国家领土安全，发展远东地区经济，遏制人口流失现象是俄罗斯政府亟待解决的问题。

其次，俄罗斯重视开发远东地区，是从国家发展东部经济的整体考虑的。俄罗斯东西部发展差距很大，不仅使远东地区人口流失严重，更是制约国家整体经济发展的重要因素。普京2013年12月向联邦会议发表国情咨文时就明确指出，发展西伯利亚和远东地区是俄罗斯21世纪的优先方向，而且强调要确保东部地区开发实现"跨越式发展"。随后，普京要求政府在2014年11月前出台相关法律，为在西伯利亚和远东地区新建立的企业免税5年，并保证相关基础设施建设。2014 年，俄罗斯批准未来 6 年对远东发展投资额为 3 460 亿卢布，而经济发展部建议将每年对远东的投资扩大至 1 000 亿卢布。除了国家投资外，俄罗斯政府也积极推动企业投资，并建议部分国有大型公司总部迁至远东地区。俄罗斯石油公司 2013 年在远东地区的投资额为 370 亿卢布，2015 年升至 790 亿卢布，力争实现 2030 年突破每年 1 万亿卢布的目标。很显然，通过发展远东地区，带动俄罗斯东部地区发展，这是俄罗斯国家战略构想中的一项重要内容。

总之，开发远东地区已成为俄罗斯的一项基本国策，但俄罗斯远东地区向市场经济转轨后，与俄罗斯西部地区距离遥远，相互间的经济联系弱。现实使俄罗斯政府意识到，远东地区经济发展的出路在于参与亚太地区经济合作。对俄罗斯远东地区来说，发展经济必然需要与外部市场合作。俄罗斯远东地区在发展工农业项目中，一方面需要开放本地市场来吸引国外投资，解决经济发展的投入问题；另一方面需要依靠外部市场来扩大本地的生产规模。可见，加强与其他国家的合作对俄罗斯远东地区具有至关重要的战略意义。

由于地理位置的优越条件，更由于改革开放以来中国经济的快速发展，中国与日本、韩国共同处于东北亚经济圈的火车头地位。俄罗斯在实施远东地区对外开放政策时，把同中国开展经济合作摆在了重要位置上。2009 年 5 月 21 日，时任俄罗斯总统梅德韦杰夫在哈巴罗夫斯克边疆区召开的俄罗斯远东地区与中蒙区域合作会议上提出，中国不仅是俄罗斯工业产品的强大市场，而且拥有巨大的金融资源可以投资俄罗斯经济领域，俄罗斯应当明确与中国合作的优先地位。俄罗斯联邦《2025 年前远东和贝加尔地区经济社会发展战略》也明确强调优先与中国合作。俄罗斯远东地区对中国合作是中俄合作的重要组成部分。

（3）务实推进两国战略对接的需要

针对中国东北老工业基地振兴与俄罗斯远东开发战略的先后出台，2009 年，中俄两国元首共同批准了《中华人民共和国东北地区与俄罗斯联邦远东及东西伯利亚地区合作规划纲要（2009—2018年）》，列出了 8 项任务，包括基础设施建设、科技、旅游等方面重点合作项目 300 多项，双方招商引资重点合作项目有 200 多项。但《规划纲要》落实的效果不尽如人意，甚至有些项目已不了了之。无论是双方贸易还是投资，对本地经济的推动作用都十分有限，中国东北地区与俄罗斯远东地区的发展没有多大的起色。中国东北地区的黑龙江、吉林、辽宁 3 个省份 2015 年第一季度 GDP 增速分别为 5.7%、6.5% 和 3%，分别位列全国倒数第 3、第 4 和第 1位。①而俄罗斯远东地区总产值 2015 年出现负增长，居民生活水平下降，区域人口负增长。生活环境与生产条件的落后、资金的紧缺与人力资源的匮乏使俄罗斯远东地区开发面对国家的期望和压力呈现出向前乏力的艰难困境。两区域合作规划落实的结果虽然有全球金融危机对两国区域经济发展的影响，但更重要的是规划的制定与中俄两国近些年来经济社会发展的客观环境契合度不高，尤其俄罗斯方存在来自方方面面的阻力，这就迫切需要改善中国东北地区与俄罗斯远东地区以往的合作模式，形成双方联动机制，务实推进两大战略的有效对接，切实提高双方的合作水平。

（4）中国东北老工业基地振兴离不开各类资源，而俄罗斯远东开发的实质是融入亚太地区与资源开发

中国是世界上资源消费的大国之一，随着经济的发展，其自身各类资源供给已无法满足与日俱增的需求。尤其是中国东北地区的资源日趋枯竭，资源短缺将是制约东北老工业基地振兴的最重要因素。加大各类资源的多元进口是中国东北老工业基地振兴乃至全国

---

① 佚名. 2015 年中国各省市 GDP 数据排名及增速　重庆增长率为 11%[EB/OL]. (2015-07-22) [2019-04-08]. http://www.mnw.cn/news/china/1086519.html.

经济发展的安全保障，加强同俄罗斯远东地区的资源合作也是资源运输成本最低的实惠选择。

同时，俄罗斯整体经济发展同样需要各种资源的保障，其欧洲地区经过几十年的开发，资源相对枯竭，而东部地区自然资源丰富，具有其他地区无与伦比的资源优势。该地区拥有大型的油气、煤、黄金、铜、金刚石、黑色金属、有色金属、稀有金属、锡、萤石等矿产，以及水生物、水力、森林、旅游及其他资源。俄罗斯当前及今后的发展都将依靠东部地区的资源。另外，俄罗斯财政收入的绝大部分来源于资源经济。

2009 年年底，普京签署第 2094 号俄联邦政府令，批准俄联邦《2025 年前远东和贝加尔地区经济社会发展战略》。该战略可以简略概括为：以全球化视角，立足远东和贝加尔地区的资源和地缘优势，瞄准亚太地区，加快俄罗斯融入亚太地区经济空间的步伐，以保证俄罗斯出口市场多元化，防止国家对远东和贝加尔地区的经济和政治影响力下降，遏制远东和贝加尔地区人口下降的趋势，以维护俄罗斯的地缘政治和地缘经济利益。[①]

俄罗斯发展远东地区经济是当前一项重要的经济社会发展战略。加快包括远东地区在内的东部资源的开发是确保国家经济稳定增长的需要。远东地区的资源开发十分迫切。然而，俄罗斯目前的经济状况不具备独自开发这一地区资源的能力，需要借助外部的资金和技术来实现，所以该地区迫切需要对外开放。中国是亚太地区的大国和强国，能否借助中国的资金与技术是实现俄罗斯远东开发战略的关键。

2.3.2 中国东北老工业基地振兴与俄罗斯远东开发联动的可行性

中国东北地区与俄罗斯远东地区的经济合作是在中俄两国政治

---

① 高际香. 俄罗斯《2025 年前远东和贝加尔地区经济社会发展战略》解读 [J]. 俄罗斯中亚东欧市场，2011（1）：16–20.

上高度互信、经济平稳发展的背景下开展的。新时代中俄全面战略协作伙伴关系的构架、利益动因的驱使，使双方的经济环境、制度保障、协调机制日臻完善，为合作的深入发展创造了一系列有利的条件。

（1）合作的利益动因不断增强

经济发展的结构性矛盾不仅是中国东北老工业基地振兴要解决的问题，也是俄罗斯远东地区经济脆弱的根源。如果全球金融危机前俄罗斯持续的经济增长得益于国际能源价格的高涨和市场的高需求，那么面对后危机时代国际市场需求的萎缩和能源价格的波动，其经济发展所依赖的高资本流入将无法得到保障，寻求经济增长方式的落脚点必然是经济结构的调整。而中国东北老工业基地的振兴同样要解决结构性矛盾，双方合作所带来的利益效应使目前比以往任何时期的合作意愿都更加强烈，利益动因是实现两大战略联动的内在条件。

（2）合作的经济环境日益优化

快速的经济增长是双方合作的动力源泉。2009年在全俄经济总量下滑7.6%的情况下，远东地区增长1.5%，2011年增长6.8%。俄罗斯明确提出在俄罗斯远东和贝加尔地区实施"加速战略"，使该地区各联邦主体的GDP增长速度高于俄罗斯其他地区，在2011—2015年以超过全俄罗斯GDP增长速度0.5个百分点的速度累积发展。而中国东北地区近年来在经济总量上有一定增长。两个区域的经济增长促进了双方贸易合作与投资合作的开展，双边贸易额和投资额持续增长。此外，两个区域不断进行基础设施的建设、改造和完善，为建设大交通格局奠定了良好的基础。

（3）合作的制度保障日趋完善

近些年来，中俄两国为推动经贸关系的长期稳定发展，先后签署了一系列合作协定和文件。2010年中俄总理第十五次定期会晤发表联合公报，签署12份文件及企业间合作文件。2011年中俄总理第十六次定期会晤发表联合公报，签署14份文件及企业间合作文件。2012年中俄总理第十七次定期会晤发表联合公报，签署9份文件及企业间合作文件。2013年中俄总理第十八次定期会晤发表联合公报，签署22份文件，涉及通信、教育、旅游、海关监管、能源、物流、金融等领域的合作。2014年中俄总理第十九次定期会晤签订了近40项重要合作协议，包括俄中"东线"天然气供应相关文件，避免双重征税、全球卫星导航系统、高速铁路、核能、旅游、金融、海关等领域的合作备忘录。2015年5月8日，中俄共同签署《关于丝绸之路经济带建设和欧亚经济联盟建设对接合作的联合声明》，进一步增加了两国发展战略的契合点。2015年12月17日，中俄总理第二十次定期会晤发表联合公报，签署了能源、投资、金融、高科技、海关、质检、教育、旅游等领域30余份双边合作文件。2016年6月25日，普京访华，中俄签署3份联合声明，并见证中俄政府部门及企业签署30余份合作文件，涵盖经贸、金融、能源、航空航天、发展战略对接、智库等领域。2016年11月7日中俄总理第二十一次定期会晤发表了《中俄政府首脑关于深化和平利用核能领域战略合作的联合声明》《中华人民共和国政府和俄罗斯联邦政府关于中俄国界第一次联合检查成果的联合声明》，签署了投资、能源、人文及总理定期会晤委员会4份会议纪要、4份议定书、2份谅解备忘录，还有一系列文件。两国合作文件数量的逐年增多和内容上的不断拓展，体现出中俄合作意愿的不断增强和双方经贸关系的不断深化，并驱使双方合作制度的不断完善。

此外，俄罗斯加入世界贸易组织，构筑了新的对外经济、贸易、金融法律框架。削减关税、加强进出口规范管理的规定有利于中国东北地区对俄罗斯贸易的开展，提高市场开放度的相关规定有利于中国开拓对俄罗斯合作的新领域，投资法规的修订有利于改善其投资环境，推动中国对俄罗斯投资活动的开展。

（4）俄罗斯"向东看"战略为深化两国经贸合作提供了新机遇

受乌克兰危机、欧美国家对俄罗斯制裁的影响，俄罗斯经济增长速度明显放缓，财政收入受到影响，跨境资本加速外流，卢布贬值，美元融资困难。"向东看"战略成为俄罗斯提振经济的重要途径。该战略既要加快开发远东和西伯利亚等东部地区，也要加强与亚洲国家尤其是中国的经济合作。为此，俄罗斯确立了一系列包括公路、铁路、空港建设和石油加工、天然气管道铺设等大型投资项目，进而改善远东地区的基础设施。

近年来，中俄两国关系正处于历史上最活跃、最富有成果的时期。

首先，两国经贸合作在世界经济不振的大环境下实现了逆势上扬。2016 年，中俄两国贸易额达 695 亿美元，较 2015 年增长8.7%；2017 年中俄贸易额为 840 亿美元，较 2016 年增长 20.8%；2018 年中俄贸易额创历史新高，达到 1 070.6 亿美元，同比增长27.1%，俄罗斯在中国主要贸易伙伴中列第 10 位，排名较 2017年上升 1 位。①中国已经成为俄罗斯远东地区第一大贸易伙伴国。②

其次，中俄实行本币结算的进程加快。2014 年 7 月末，美国、欧盟宣布扩大对俄罗斯金融、能源等领域的制裁措施。为反制欧美的多轮制裁，俄罗斯加速了"去美元化"进程。俄罗斯一些大型企业已将更多的储备资金以卢布的形式或兑换成港元持有，并将更多资本转往亚洲。

最后，面对美国和欧盟在贸易领域的制裁，俄罗斯通过反制裁法实施反制裁，禁止从欧盟国家尤其是东欧国家进口水果，而是以人民币或卢布结算从中国进口果蔬。

（5）中国成为俄罗斯远东开发最重要的促进因素

中国是世界第二大经济体，在东北亚有着举足轻重的地位。随

---

① 中华人民共和国商务部欧亚司. 2018 年中俄贸易额突破 1 000 亿美元大关［EB/OL］.（2019-01-23）［2019-06-03］. http://www.mofcom.gov.cn/article/jiguanzx/201901/20190102829378.shtml.

② 2018 年 9 月 12 日，习近平主席在第四届东方经济论坛全会上的致辞。

着俄罗斯国内和国际形势的变化，中国在俄罗斯经济发展中的地位越来越重要。2015 年 7 月 10 日，在俄罗斯南部城市乌法总结金砖国家峰会和上合组织峰会成果的记者招待会上，普京强调，为促进远东和西伯利亚地区开发，俄罗斯政府采取了一些措施，其中包括建立为投资者提供部分税收优惠的跨越式开发区、为初创企业减税、在远东地区建立自由港等，为那些决定在远东地区投资的企业提供一系列优惠。2015 年 9 月在俄罗斯符拉迪沃斯托克市举办的首届东方经济论坛上，俄罗斯方表示中国企业可以参与远东和西伯利亚地区开发，同时俄罗斯与中方讨论了"欧亚经济联盟"和"丝绸之路经济带"之间的合作问题。俄罗斯现在最迫切的是需要一条通往太平洋的通道，避开被欧盟和美国封锁住的西向之路。而能协助俄罗斯打开这条通道的最佳的、最可靠的伙伴就是中国。

另外，从 2016 年 10 月 1 日起，人民币已正式加入 SDR（特别提款权），成为全球第四大支付货币、第二大贸易融资货币、第六大国际银行借贷货币、第六大外汇交易货币、第七大国际储备货币。中俄本币结算为中俄贸易提供了更为便捷的通道，贸易成本也大大降低，这必将推动中俄两国的金融合作迈上更高的台阶。

本章小结

中国东北地区是中国东北部自然地理单元完整、自然资源丰富、多民族深度融合、开发历史近似、经济联系密切、经济实力雄厚的大经济区域，在全国经济发展中占有重要地位。中国东北地区是老工业基地，其人口和经济总量在全国占有较大比重，资源丰富，交通便利。但在近些年的发展过程中，中国东北地区面临着"三期叠加"的状况，经济增长速度放缓，经济下行压力较大；区域协调联动发展动力不足，对俄罗斯贸易发展形势严峻等。

俄罗斯远东地区是俄罗斯联邦面积最大的地区，地广人稀，矿产丰富。其当前发展面临的重要问题是：基础设施落后，生活水平较低；人口流失，劳动力不足；区域经济缺乏多样性和创新性；季节性强和货运成本高等。

中国东北老工业基地振兴与俄罗斯远东开发联动的迫切性日益凸显。无论中国东北老工业基地振兴还是俄罗斯远东开发，对方都是自身发展的重要因素，彼此在双方区域发展中占据重要地位，发挥重要作用。多年来中国东北地区的"振而不兴"与俄罗斯远东地区的"开而不发"要求双方必须加强联动。

中国东北老工业基地振兴与俄罗斯远东开发联动的可行性日益增强。目前，中俄两国政治上高度互信，利益动因日益增强，经济环境日益优化，制度保障日趋完善，合作机遇日益增加，双方合作意愿日益加深，为双方联动发展创造了一系列有利的条件。

第3章 中国东北老工业基地振兴与俄罗斯远东开发联动优先领域

自 2009 年中俄两国元首共同批准《中华人民共和国东北地区与俄罗斯联邦远东及东西伯利亚地区合作规划纲要（2009—2018年）》以来，中国东北地区对俄罗斯远东地区的合作得到了积极的推进，双方经贸、人文、科技往来不断加强，投资项目合作得到较快拓展，中俄合作在中央和地方政府的积极引导和大环境的影响下，已经深入人心。中国东北老工业基地振兴与俄罗斯远东开发联动中，基础设施、资源能源及传统产业与新兴产业的联动成为优先发展领域。

3.1 基础设施领域的联动

基础设施建设是区域经济增长的必要前提条件，没有基础设施建设必然没有区域经济的增长和发展，国际上通常用社会对基础设施需求的满足程度来衡量该社会的经济发展水平。基础设施与区域经济发展的相互关系不仅取决于基础设施总量，还与基础设施结构密切相关，区域基础设施结构因区域经济发展水平的不同而不同。中国东北地区与俄罗斯远东地区在联动发展中，由于区域相邻的地缘优势，必然会在基础设施领域优先联动。基础设施领域的联动发展是能源联动发展、产业联动发展及经济联动发展的基础和前提。

3.1.1 铁 路

目前，俄铁和中铁已经签订了全面战略合作协议，双方将积极促进途经中俄和其他国家的国际交通走廊的发展，包括各国走廊路段的平衡发展、改善铁路线路的技术特性，使其能提高列车运行速度，保障未来货流无障碍通行，重点促进建立莫斯科—北京的欧亚高速交通走廊和实施莫斯科—喀山高铁项目建设。

俄罗斯远东铁路局发布消息，2016 年上半年通过该铁路边检站运往中国的货物量超过 600 万吨，较 2015 年同期增长 12.3%。其中卡梅绍瓦亚–珲春边检站的增长最明显。该检查站转运了 110 万吨货物，较 2015 年同期增长了 2.3 倍。格罗迭科沃–绥芬河边检站 2016 年上半年转运货物超过了 430 万吨，较 2015 年同期增长 1%。

在中俄总理定期会晤委员会运输合作分委会铁路工作组第十八次会议上，中俄双方围绕深化中俄铁路全面合作，并就加快推进两国政府确定的同江—下列宁斯阔耶铁路界河桥建设项目、绥芬河—格罗迭科沃区间铁路扩能改造，以及珲春—马哈林诺铁路口岸运输及口岸集装箱运输发展等确立了中俄铁路重点合作项目。这三个主要的铁路合作项目涉及吉林省、黑龙江省，尤其是黑龙江省的同江市和绥芬河市。

中俄同江—下列宁斯阔耶铁路界河桥位于黑龙江省同江市与俄罗斯犹太自治州下列宁斯阔耶之间。该桥南起中国同江地方铁路同江北站，向北经哈鱼岛跨黑龙江后进入俄罗斯境内，在下列宁斯阔耶与比罗比詹至下列宁斯阔耶铁路支线相接后可连通远东铁路。此项目将中国东北铁路网与俄罗斯西伯利亚铁路网连通，形成一条新的国际铁路通道。中俄同江—下列宁斯阔耶铁路界河桥在中国境内的线路长度为 31.62 千米，主桥全长 2 215 米（中国境内长 1 900 米），大桥设计通货能力为每年 2 000 万～2 500 万吨，中方主桥、引线及站场相关工程投资大约为 26.42 亿元人民币。①2014 年 2 月 26 日，中俄同江—下列宁斯阔耶铁路界河桥开工奠基，正式进入建设阶段。2019 年 3 月 20 日，中方同江铁路大桥合龙；4 月 2 日，俄方钢梁附属结构已全部结束。截至 2019 年 5 月，大桥已完成工程进度的 98%，桥体工程预计 7 月竣工，俄方一侧引桥部分已投入使用。②

绥芬河—格罗迭科沃区间铁路扩能改造项目是中俄之间区域整体经济发展的一个保障。2014 年，绥芬河口岸站过货 930 万吨，远超出其每年 750 万吨的设计能力。从中国绥芬河到俄罗斯格罗迭科沃的两个车站之间的铁路，为 26 千米的宽标轨混合跨设。从长远发展考虑，如果不对绥芬河至格罗迭科沃站区间线路进行整体改造，这段铁路就会成为两站之间口岸过货的瓶颈，直接制约口岸过货能力的增长和站场扩充能力的发挥，中俄双方已在这个项目上达成共识。2016 年 6 月 5 日，绥芬河新火车站的客运站台与俄罗斯宽轨铁路成功"连接"，由俄罗斯铁路开行的宽轨列车可直接入境，进入绥芬河新火车站，为俄罗斯铁路开行跨境列车提供了条件。

中国珲春市借助珲春-马哈林诺铁路口岸运输及口岸集装箱运

———————

① 辛林霞. 中俄同江—下列宁斯阔耶铁路界河桥开工奠基 [EB/OL]. (2014-02-26) [2019-04-08]. http://politics.people.com.cn/n/2014/0226/c70731-24470132.

② 中华人民共和国驻哈巴罗夫斯克总领事馆经济商务室. 东部俄罗斯通讯社编译版：中俄同江—下列宁斯阔耶跨境铁路桥已完成工程进度 98%，桥体工程预计 7 月竣工 [EB/OL]. (2019-05-17) [2019-06-03]. http://www.mofcom.gov.cn/article/i/jyjl/e/201905/20190502863890.shtml.

输发展，利用其独特的区位优势，积极加快通道建设，加速与周边国家的"互联互通"。2013 年 12 月，珲马铁路实现运输常态化，至当年年底，进出口总量为 1 100 吨。2014 年，珲马铁路运输扎实推进，通过各项考核与验收，全年实现进出口总量 60 万吨。2015 年，选择通过珲马铁路进出口货物的企业越来越多，进出口种类也越来越多样化，截至年底，进出口总量突破 100 万吨，较 2014 年同期增长 300%。①

此外，2016 年 2 月，中俄间新货运铁路线，从中国哈尔滨市到俄罗斯叶卡捷琳堡市之间的铁路线开通，列车运行时间为 10 天，较之前在中国大连市装运并随后经海路向俄罗斯发货，路上平均要 40 天的货物运输时间节省了大量的时间和运输成本。

3.1.2 公 路

中俄两国在公路合作建设中具有代表性的项目是中俄黑龙江大桥。黑河市与布拉戈维申斯克市是中俄边境线上唯一一对距离最近、规模最大、规格最高、功能最全的对应城市，最近处只有 700 米。1988 年 7 月，为改善黑河口岸的通关环境，满足货物运输和人员往来的要求，苏联阿穆尔州政府向中方提出了共同建设黑河黑龙江大桥的建议。中方当时的黑河行署对这个项目表示出极大的兴趣，随后成立了黑河黑龙江大桥筹建领导小组和黑河黑龙江大桥办，同时报请中央政府批准。经历了 20 多年的谈判，2015 年 9 月，中俄两国签署了黑河—布拉戈维申斯克黑龙江（俄罗斯称阿穆尔河）大桥、跨黑龙江索道合作协议。俄罗斯阿穆尔州政府负责俄方桥段建设，中国黑龙江省政府负责中方桥段建设。

中俄黑龙江大桥建桥协议由中俄两国政府于 1995 年 6 月签署，2016 年 12 月开工。该项目起点位于中国黑龙江省黑河市长发

---

① 王法权，田婕. 珲马铁路口岸进出口量突破百万吨［N］. 吉林日报，2015-11-22.

屯，终点位于俄罗斯阿穆尔州布拉戈维申斯克市卡尼库尔干村，路线全长 19.9 千米，中方境内长 6.5 千米，俄方境内长 13.4 千米。黑龙江大桥长 1 284 米，宽 14.5 米，主航道跨径 147 米，设计由中俄双方合作完成。目前，黑龙江大桥已实现合拢，预计 2019 年 10 月完成主体工程，2019 年年末交工验收，2020 年 4 月前通车。预计到 2040 年前黑龙江大桥通行能力达到 650 万吨货物和 300 万人次。

3.1.3　航　空

俄罗斯虽然是航空航天技术强国，但在欧盟及其他西方国家制裁的情况下，俄罗斯航空航天领域受到一定影响，使中国在俄罗斯的航空航天市场大显身手。中俄两国针对航空航天科研和技术问题合作达成共识，签署了若干合作文件。

2012 年，中俄签署《2013—2017 年中俄航天合作大纲》，确定了火箭发动机、电子元器件、卫星导航、对地观测、月球研究和开发及深空探测等优先方向。

2015 年 5 月，中俄签署《中国北斗和俄罗斯格洛纳斯系统兼容与互操作联合声明》。该联合声明的签署为北斗系统和格洛纳斯系统后续深化合作奠定了坚实基础，标志着中俄卫星导航合作进入新阶段。

同月，中俄签署《中华人民共和国国家航天局与俄罗斯联邦航天局关于交换双方空间对地观测数据合作的谅解备忘录》。该备忘录指出："中俄双方将在和平利用外层空间基础上，全面推动《2013—2017 年中俄航天合作大纲》的落实。在空间对地观测、月球与深空探测、火箭发动机、航天电子元器件及卫星导航等重点领域的大型项目方面展开深化合作。同时，持续推进卫星导航领域的务实合作，推动中国'北斗'和俄罗斯'格洛纳斯'系统进一步融合与互补。"

2016年6月，《中华人民共和国和俄罗斯联邦联合声明》重申了上述主张，加上后来的《中国国家航天局与俄罗斯国家航天集团关于月球与深空探测的合作意向书》（2018年3月）和《中华人民共和国国家航天局与俄罗斯联邦国家航天集团公司2018—2022年航天合作大纲》（2017年11月）等重要合作文件，都对中俄两国的航空航天领域带来重大价值，预示着两国在此方面有着广阔的合作空间，在开展联合基础研究和高新技术研发、促进科研成果商业化和产业化方面，属于联动发展的优先领域。

中俄两国在航空领域的重点合作包括联合宽体飞机研制和重型直升机项目等。中俄联合研制宽体飞机备忘录于2014年春季普京访华期间签署。依据俄罗斯媒体报道，俄罗斯已经开始了宽体客机发动机研制工作。2015年5月，中俄签署开发研制重型直升机项目合作框架协议。中俄两国相关合作项目在双方政府的共同推动下，进度有望进一步加快。中方主要参与单位有国家航天局国际合作协调委员会秘书局、探月与航天工程中心、对地观测与数据中心，中国科学院重大科技任务局，中国航天科技集团有限公司、中国航天科工集团有限公司、中国电子科技集团有限公司、中国长城工业集团有限公司、中国精密机械进出口有限公司，哈尔滨工业大学等。

3.1.4　管　道

长期以来，中俄之间的原油贸易主要通过铁路运输，尽管俄罗斯近些年来大力扩充铁路运力，但原油贸易量仍然受限。中俄原油管道的最终落成，使得中国打通了来自于俄罗斯油气"宝库"的重要战略通道，解除了俄罗斯对中国原油出口的运力"瓶颈"问题。

中俄原油管道建设长达14年。1994年，中俄两国开始对修建石油管线问题进行磋商。1997—1998年，修建"安大线"的计划已经明确，但始终不能达成最后协议。2002 年，日本抛出"安纳线"方案而导致修建"安大线"的计划功亏一篑。事情随着全球金融危机的爆发而出现了转机。2008 年 10 月，中俄签署了一项谅解备忘录，中国承诺分别向俄罗斯石油公司和俄罗斯石油管道运输公司提供 150 亿美元和 100 亿美元的贷款，俄罗斯则表示将向中国出口 3 亿吨石油。此后，经过多轮拉锯式艰难谈判，最终在 2009 年 2 月 17 日签署了中俄一揽子能源合作协定。中俄原油管道工程 2010 年 9 月 27 日竣工。2011 年 1 月 1 日，中俄原油管道正式投入运行，俄罗斯的原油开始进入中国漠河市兴安镇的首站储油罐内，标志着中国东北方向的原油进口战略要道正式贯通，每年 1 500 万吨、期限 20 年的中俄原油管道输油合同开始正式履行。

中俄原油管道起自俄罗斯远东管道斯科沃罗季诺分输站，经中国黑龙江省和内蒙古自治区 13 个市、县、区，止于大庆末站。管道全长为 999.04 千米，俄罗斯境内有 72 千米，中国境内有 927.04 千米。能源通道建设是中俄深化能源合作的基础条件，双方积极推动西线管道及海上油气运输管道的建设，扩大能源运输能力，减小现有管道的运输压力。中国东北地区作为和俄罗斯远东地区临近的区域，更多地承载着能源通道建设和能源运输的重任。

3.2 资源能源领域的联动

3.2.1 天然气

中俄天然气合作始于 1994 年，两国签订天然气管道修建备忘录。1999 年，俄罗斯天然气公司和中国石油天然气集团有限公司（以下简称中石油）达成意向性天然气出口协议。2006 年 3 月，中俄签署《供气谅解备忘录》。2008 年，中俄建立副总理级常规天然气谈判机制。2009 年 6 月，中俄签署《天然气合作谅解备忘录》。

2011 年 10 月，中俄天然气谈判陷入僵局。2012 年 6 月，普京访华，重启谈判。2012 年 12 月，中俄双方就西线项目展开对话。2013 年 3 月，中石油与俄罗斯天然气公司签署初步共识协议；同年 10 月，中俄双方基本商定供气的定价公式。2014 年 4 月，俄罗斯天然气公司与中石油发表声明称，双方供气合同谈判进展显著。2014 年 5 月，中俄签订东线天然气合作协议，该协议为期 30 年，合同总额达 4 000 亿美元。俄罗斯天然气公司和中石油在经历了 10 年的艰难谈判后，就每年对中国供应 380 亿立方米天然气达成一致。这条天然气管道总长 4 000 千米，从伊尔库茨克州经萨哈共和国和哈巴罗夫斯克边疆区到符拉迪沃斯托克市。俄罗斯计划在斯沃博德内市与布拉戈维申斯克市之间建造对中国的输气管道分支。2014 年 8 月，俄罗斯向中国通报了"西伯利亚力量"输气管道建设的筹备情况。俄罗斯方表示，连接通往中国支线的伊尔库茨克州至符拉迪沃斯托克市输气管道的建设在 2014 年 9 月 1 日动工。俄罗斯天然气公司计划实施 3 条抵达中国的天然气运输线路，统一命名为"西伯利亚力量"：①"西伯利亚力量-1"线路（东线）：处于施工阶段。②"西伯利亚力量-2"线路（西线，阿尔泰线）：普京总统要求这条线路要避开列入联合国教科文组织世界遗产名录的地区。③"西伯利亚力量-3"线路（远东线）。俄罗斯天然气公司 2018 年 8 月 22 日在俄罗斯采购门户网站上发布萨哈林—哈巴罗夫斯克—符拉迪沃斯托克抵达中国边境的天然气运输管道铺设线路（"西伯利亚力量-3"线路）设计采购信息。通过这条天然气管道输往中国的天然气为 200 亿立方米/年。

3.2.2 石 油

2009 年 4 月 21 日，中俄双方签署石油领域合作政府间协议，双方的管道建设、原油贸易、贷款等一揽子合作协议随即生效，标志着两国能源合作实现重大突破。值得一提的是，2013 年 6 月，中国与俄罗斯签订 2 700 亿美元的石油大单，俄罗斯在未来 25 年每年将向中国供应 4 600 万吨石油。2015 年俄罗斯向中国输送石油 1 600 万吨。中俄签订的主要石油和天然气交易协议如表 3-1 所示。

表 3-1　　　　**中俄签订的主要石油和天然气交易协议**

签订日期	油气协议内容	估值（亿美元）
2009 年 2 月	中国国家开发银行分别向俄罗斯石油公司和俄罗斯石油管道运输公司贷款 150 亿美元和 100 亿美元，分别用以启动东西伯利亚—太平洋（ESPO）石油管道项目及收购尤科斯旗下子公司	250
2013 年 6 月	中石油与俄罗斯石油公司签订 25 年期原油供应协议，预付款为 700 亿美元	2 700
2013 年 6 月	俄罗斯石油公司获得由 2009 年中俄石油供应合同作担保的中国国家开发银行长期贷款	20
2013 年 9 月	中石油购入巨型油田卡沙甘石油项目股份	50
2013 年 9 月	中石油收购俄罗斯最大天然气独立生产商诺瓦泰克公司亚马尔液化天然气项目 20% 的股份	未公布
2013 年 10 月	中石化与俄罗斯石油公司签订 10 年期原油供应协议	850
2013 年 10 月	中石油与诺瓦泰克公司签订 15 年期协议，诺瓦泰克公司每年向中方供应 300 万吨液化天然气；协议还包括中俄合建的天津炼油厂项目，中石油占 51% 的股份	未公布
2013 年 10 月	中俄合资开发博托宾斯克油田上游项目，中石油持股 49%，俄罗斯石油公司持股 51%。该油田与东西伯利亚—太平洋石油管道项目选址临近	未公布
2014 年 5 月	中石油与俄罗斯天然气公司签订 30 年期通过东西伯利亚东部管道输送 380 亿立方米/年天然气的购销合同	4 000
2014 年 11 月	中石油与俄罗斯天然气公司签订 30 年期天然气供应协议。俄罗斯天然气公司从西伯利亚西部通过阿尔泰输气管道每年向中国西北地区提供 300 亿立方米天然气	4 000
2014 年 11 月	中石油购入俄罗斯石油公司 Rosneft 的子公司 Vankorneft 10% 的股份	未公布
2015 年 12 月	中华人民共和国政府与俄罗斯联邦政府关于实施亚马尔液化天然气项目的合作协议	270

3.2.3 煤 炭

俄罗斯的煤炭储量约为 4 万亿吨，占全球总储量的 30%；远东地区是俄罗斯煤炭资源极为丰富的地区，占俄罗斯煤炭储量的 40%。俄罗斯向中国出口煤炭主要依靠港口和铁路：一个是远东港口，能力不强，出口量增长有限；另一个是满洲里口岸，用火车运输，量也不大。俄罗斯也有意识地吸引中国企业到这一地区进行资源开发，兼顾当地的基础设施建设。随着近些年中俄基础设施建设合作的加强，煤炭在运输方面的问题得到了较大程度上的解决。

俄罗斯是中国第三大动力煤进口国家。中国海关数据显示，2015 年 1—9 月，中国进口俄罗斯动力煤 748.66 万吨，同比下降 34.15%，占进口总量的 7.4%。2014 年中国进口俄罗斯动力煤 1 416.48 万吨，同比增长 13.79%。①

根据中俄两国签署煤炭领域合作"路线图"，米切尔公司与中国神华能源股份有限公司就共同开采埃利吉煤矿区达成了共识。该矿区探明储量为 22 亿吨，年度总量约为 1 200 万吨。此外，中国神华能源股份有限公司还对奥姆苏克昌煤区及在马加丹州与东方采矿公司共建交通基础设施感兴趣。俄罗斯技术集团与中国神华能源股份有限公司开采远东地区奥戈金煤区及在日本海沿岸建"薇拉港"项目也被列入到"路线图"中。这两大项目的投资额约为 100 亿美元。此外，中国中煤能源股份有限公司也准备开采萨哈共和国南部大型煤区。该煤区焦煤和燃料煤储量超过 4 000 万吨。②

---

① 国家能源局. 推进中俄煤炭领域合作 [EB/OL]. (2015-11-12) [2019-04-09]. http://finance.sina.com.cn/money/future/futuresnyzx/20151112/094623748437.shtml.
② 佚名. 俄媒：俄罗斯是中国煤炭业的好伙伴 [EB/OL]. (2014-11-03) [2019-04-09]. http://coal.in-en.com/html/coal-2213465.shtml.

3.2.4 电 力

中国对俄罗斯购电项目是中俄两国政府能源领域合作项目之一，在中俄两国的共同支持下，于 1992 年 7 月 1 日 11 时起开启送电。2012 年 1 月 9 日，中俄黑河直流联网输电项目建成，该工程是中国首个国际直流输电项目，也是当时中国境外购电电压等级最高、输电容量最大的输变电工程。截至 2016 年年末，黑龙江省电力公司通过 110 千伏布黑线（布拉戈维申斯克变–110 千伏黑河变），220 千伏布爱甲、乙线（布拉戈维申斯克变–220 千伏爱辉变），以及 500 千伏阿黑线（500 千伏阿穆尔变–500 千伏黑河换流站），累计进口结算俄罗斯电力 33.20 亿千瓦时。1992—2016 年，黑龙江电力通过在运的 4 条跨国联网线路，历史性累计进口俄罗斯电力 210.03 亿千瓦时，相当于节约境内煤耗 714.24 万吨，减排二氧化碳 1 995.32 万吨。[①]中国黑龙江省与俄罗斯远东地区有 1 000 多千米的水陆边界，是中国对俄开放和经贸合作的前沿，电力能源合作是其中最具特色、市场前景广阔的战略性合作项目。

中国已经成为世界上电力消费最大的国家。中俄电力合作的发展潜力巨大。中俄伙伴公司已经签署中国公司在俄罗斯远东地区投资电力和其他基础设施项目协议，额度为 15 亿美元。中国东方电气集团计划在俄罗斯符拉迪沃斯托克市投资 3.8 亿美元建电站，中国长江电力股份有限公司已与俄罗斯欧洲西伯利亚电力公司建合资企业，第一阶段将致力于东西伯利亚的两个火电项目和一个水电项目。而俄罗斯东方电力公司与中国国家电网有限公司在顺利执行 25 年期的向中国东北地区出口电力的合同。为保障电力供应，俄罗斯准备在阿穆尔州建世界最大的、50 亿千瓦时的叶尔科夫齐火力发电站。该项目还包括建设直接牵到中国边界的超高压输电网。

---

① 桑学勇，李鑫. 黑龙江电力购俄电逾 210 亿度［EB/OL］.（2017-01-16）［2019-05-17］. http://paper.people.com.cn/zgnyb/html/2017-01/16/content_1744593.htm.

据评估，该项目总投资将高达 200 亿美元。

2016 年 6 月 25 日，在普京访华框架内，俄罗斯电网股份公司与中国国家电网有限公司签署了关于成立合资企业的股份协议，合资企业将为实施俄罗斯境内的及未来两国境内的电网综合体项目而成立。

2018 年 11 月 29 日，中国国家电网有限公司与俄罗斯电网股份公司在北京举行会谈。双方就加强中俄电力领域合作、推动数字化电网技术交流等深入交换意见，并共同签署了关于开展数字化电网合作的意向协议。

3.3　传统产业与新兴产业的联动

3.3.1　农　业

俄罗斯拥有广袤的耕地，农用土地占国土总面积的 12.9%，高达 2.2 亿公顷，拥有世界上面积最大的黑土地带。但是由于俄罗斯大部分地区气温低，不适合发展农业生产，每年还是需要进口大量的谷物和果蔬。俄罗斯远东地区与中国东北地区气候条件相似，都是黑土地带，农业自然条件有利于农作物生长，是甜菜、谷物、畜牧业生产带。但是由于俄罗斯远东地区人口流失严重，农村人口少，面临着土地因缺少劳动力而荒芜的现象，而中国正加速推进工业化、城镇化进程，耕地面积不断减少，拥有大量的剩余劳动力，并且拥有资金、技术、设备物资、市场等优势，双方开展农业合作具有明显的互补性。

早在中俄边境贸易初期就逐渐出现了中俄农业合作，但是经过多年的合作依然呈现出合作水平较低、合作规模不大的特点。现阶段中俄农业合作主要集中在农业劳务合作、农产品贸易、农业境外开发、农业技术交流等领域。近些年来，中俄地方政府开始积极推动境外农业开发合作协议，黑龙江省、吉林省政府积极鼓励企业

"走出去"到俄罗斯建立农业合作园区，把中国的优质机械、先进技术、大量的劳动力等优势与俄罗斯富饶的土地资源优势合理地结合起来。鼓励中国的农民到俄罗斯去种植谷物和蔬菜，搞畜牧养殖和农产品深加工，也希望俄罗斯企业和农场雇用中国工人到俄罗斯搞种植业和养殖业。俄罗斯远东地区是农业发展落后地区，粮食、蔬菜、肉和奶等农产品不能自给自足。由于人力及物力不足，远东地区需要引进外资和外来劳动力才能解决这一难题。俄罗斯远东地区即将打造面向亚太的粮食出口基地和通道，这为中俄农业合作提供了新的契机。目前，中国对俄出口主要以蔬菜、水果、园艺产品等为主，已成为俄罗斯最大的水果进口国之一。俄罗斯对华出口以水产品为主，近些年又增加了饲料类产品及油料作物。

近年来，中国东北地区与俄罗斯远东地区的农业合作取得积极进展。中国东北地区在俄罗斯远东地区开发农业种植、养殖基地60余万公顷，涉及农业项目70多个，其中吉信集团、华信集团、华宇集团及"新友谊农场"是中国东北地区与俄罗斯远东地区农业合作的领头企业。特别是中国黑龙江省在对俄罗斯农产品出口、境外农业园区建设和农业跨境产业链接方面成效卓著，有境外农业投资主体100余家，种植规模10万亩以上的农业合作项目达到20个，合作由粮食种植向生猪、肉牛和禽类养殖，粮食、饲料加工，仓储、物流运输等领域延伸。中国黑龙江省对俄罗斯农业合作从俄罗斯的阿穆尔州、滨海边疆区、犹太自治州和哈巴罗夫斯克边疆区4个粮食主产区向俄罗斯腹地扩展。近年来，中国黑龙江省每年对俄罗斯输出劳务3万余人次，人均劳务收入为3万元以上，年创劳务收入近9亿元。同时，中国企业把在俄罗斯境内生产的优质非转基因大豆、玉米等粮食运回国内，满足国内加工企业对优质原材料的需求，促进了进出口贸易的发展；同时，这些企业的种植、养殖产品受到俄罗斯市民的极大欢迎，占俄罗斯当地市场份额的30%，满足了当地市民的生活需要，促进了当地就业。

　　另外，中国黑龙江省加大对俄罗斯出口农产品基地建设，建设了2 600多平方千米的果菜、水稻、杂粮、葵花等特色作物和蓝莓、松子等山特产品出口基地，培育出适合本地气候特点和俄罗斯市场需求的马铃薯、圆葱、番茄、甘蓝、黄瓜、彩椒等出口优势品种，在俄罗斯远东地区展现出较强的市场竞争力。

　　近些年，随着中国的农机工业发展迅速，农机贸易占据了中俄机电产品贸易的半壁江山，俄罗斯是中国农业机械出口的重要合作伙伴之一。2010年以来，黑龙江省成功举办中俄（佳木斯）农机产品展销洽谈会，现已成为国家级展会。农机产品展销洽谈会为中俄两国农机贸易的合作打造了交流平台，提升了中俄农业合作的层次。截至2018年年末，中国黑龙江省对俄罗斯农业投资主体有100余家，合作范围已由粮食种植向生猪、肉牛和禽类养殖，粮食、饲料加工，仓储、物流运输等领域延伸。特别是中国黑河市充分发挥与俄罗斯阿穆尔州一江之隔的优势，主要发展外向型农业，鼓励农民走出国门种地，现已形成了种养大户、企业投资、农民联户、中俄合资等多种开发模式，对俄罗斯农业开发效益和规模居黑龙江省前列。截至2017年年末，中国黑河市10余家对俄合作企业在俄罗斯开发土地860多平方千米，在俄罗斯阿穆尔州建成生猪养殖场1处，猪存栏1 000头；家禽养殖场1处，禽存栏15万只，日产鲜蛋10万枚左右。中国黑河市北丰农业科技服务有限公司在俄罗斯阿穆尔州建设境外农业综合园区项目，累计投资3亿元；在俄罗斯阿穆尔州罗姆内区拥有耕地200平方千米；在俄罗斯布拉戈维申斯克市的郊区建有占地面积10万平方米的农产品出口物流中心1处；在俄罗斯阿穆尔州自由城建有存栏15万只的蛋鸡养殖场1个；在中国黑河市建有俄罗斯进口有机大豆深加工基地，仓储能力达5万吨；注册"亚欧双子城"牌有机俄罗斯农产品，已在我国多个省建立稳定市场。自2014年年底中国黑河口岸冬季浮箱固冰通道货物运输开通以来，中国对俄罗斯农业开发企业从俄罗斯回运玉米、大豆等粮食已达万吨以上，并在境外农业项目合作展示、农业技术交流及农产品进出口合作、大豆深加工等项目展开了深入合作。①

在 2015 年的首届中俄博览会上，中俄双方农业部门签署了合作备忘录，将在境外农业种植、农产品销售、粮食返销、大机械通关、农产品贸易合作、农业技术交流等方面放宽政策限制，共同推进农业领域的务实合作，俄罗斯有关州、区政府与中国黑龙江省政府达成了进一步加强农业领域合作的意向性协议。

2016 年 1 月 28 日，国新办举行解读《中共中央国务院关于落实发展新理念加快农业现代化实现全面小康目标的若干意见》有关情况新闻发布会。中俄之间的农业合作有着非常广阔的前景。这两个国家是近邻，而且在资源和产品方面、供给和需求方面有着非常好的互补性。中国是一个巨大的农产品市场，俄罗斯是一个国土辽阔、耕地和潜在耕地数量非常巨大的国家。俄罗斯很多重要的农产品可以对中国的农产品市场起到一定的补充作用，中国的蔬菜也可以满足俄罗斯的市场需求。②

2015 年 8 月中国吉林省农业科学院与省科技厅组成的农业科技代表团，对俄罗斯国家科学院等科研单位进行访问并签署了合作协议，协议内容包括双方互换作物遗传育种资源，交换农业科技信息，互派专家学者进修，根据双方科研成果共同出版科学著作，就双方感兴趣的领域举办国际研讨会，双方同意合作选育并推广种植优良品种，经双方同意可共同创建合资企业等。

今后中国政府要进一步发挥政府职能，制定优惠政策，在中俄农业人才培养、农业技术交流、技术服务、合作生产等方面开展多方面服务。在农业科学技术方面，中俄双方应办好中俄农业人才交流合作专题讲座、中俄农艺师培训、建立中俄农业合作咨询服务中

---

① 尹一凡，李宗英. 黑河对俄农业开发超百万亩 [EB/OL]. （2015-02-06）[2019-04-09]. http://russia.ce.cn/cr2013/sbdt/myhz/201502/06/t20150206_4531880.shtml.

② 佚名. 中俄之间的农业合作前景非常广阔 [EB/OL]. （2016-01-28）[2019-04-09]. http://www.scio.gov.cn/xwfbh/xwbfbh/wqfbh/33978/34122/zy34126/Document/1466768/1466768.htm.

心等项目；对俄农业合作可选择资源开发型、出口基地型、农业科技园型、合作发展型、合资共建型等多种合作模式。中国东北地区与俄罗斯远东地区是中俄农业合作的主力军，应发挥地缘优势，在对俄罗斯农产品出口中，把握俄罗斯远东开发机遇，完善和优化对俄罗斯农产品出口结构；积极拓宽与俄罗斯在食品深加工领域的合作，促进对俄罗斯食品加工合作项目的实施，以中国黑龙江省哈牡绥东对俄贸易加工区和沿边节点城市为依托，将农产品加工贸易进一步推进。农业合作是"丝绸之路经济带"与欧亚经济联盟对接的重要契合点，中俄农业合作将迎来更广阔的发展空间。

3.3.2 林　业

俄罗斯拥有世界森林资源总量的 1/4，被森林覆盖的面积有7.7 亿公顷，约占全国陆地总面积的 45%；木材储量约 820 亿立方米，占地球木材储量的 25%。[①]俄罗斯远东地区 45% 的土地覆盖着森林，林地面积在全俄各地区居首位，木材蓄积量居第 2 位，仅次于西伯利亚地区。[②]

中国与俄罗斯林业贸易合作开展得比较早，但贸易结构始终没有向更高层次发展，最为突出的现象是林业合作规模小，缺乏大项目支持，贸易结构单一，产业结构不合理。在双方贸易角色中，俄罗斯一直处于优势的地位，而中国则一直处于被动局面。由于中俄双边贸易不规范，中国投资者获取法律信息不通畅甚至是滞后，精通俄语和俄罗斯法律的高层次林业技术管理人才缺乏，对外贸易政策经常会发生重大调整，而且在作出调整之前一般不预留过渡期，所以很难把握俄罗斯的林业贸易规则，这给中俄林业合作带来很多不确定因素，因此中俄合作中出现了大量法律纠纷。

---

①　郭魏. 俄罗斯入世进程中的法律改革对外商投资法律环境的影响 [D]. 北京：北京外国语大学，2015.
②　李英男. 俄罗斯地理 [M]. 北京：外语教学与研究出版社，2011.

　　1992—2008 年，中俄林业合作一直是稳定而快速地发展。2008 年全球金融危机爆发以后，中俄林业贸易额有所下降。俄罗斯已于 2011 年 12 月 16 日正式加入世界贸易组织，并明确提出下调原木的出口关税。俄罗斯于 2012 年 7 月 30 日颁布第 779 号"关于出口到其他国家的原木出口关税配额"的决议。从该决议体现出的出口到欧盟和其他国家的配额分配上看，原木出口关税的受益方是欧盟，同时俄罗斯现行的出口配额无法满足中国对俄罗斯原木的需求，但俄罗斯限制原木出口的政策十分坚定，未来俄罗斯原木出口配额外的税率还将走高，短时期内中国进口俄罗斯木材在数量上不会出现大幅增长。

　　俄罗斯森林工业基础设施不足是制约俄罗斯森林工业发展的一个因素。俄罗斯的木材加工业设备老化严重，80% 的俄罗斯制浆造纸企业设备服役超过 25 年，大部分林业机械装备制造已经停产。另外，俄罗斯林区交通基础设施建设落后是影响外商来俄罗斯投资的主要因素。俄罗斯大部分林区不通公路和铁路，投资商需自行承担森林公路建设，因此项目成本提高 20%~40%，投资回收期也相应延长。此外，林区电力、天然气配套设施不足等问题也是外商不愿意来俄罗斯投资的原因。

　　目前中国大多数森林工业企业规模不大，森林工业呈现分散化局面，多分布在靠近森林的地方。产业规模小限制了供应商、分包商、服务提供商和其他配套基础设施的发展，而且产业分化难以实现规模经济，特别是锯材业（如森林采伐）分散状态尤为严重。黑龙江省作为林业大省，林业企业规模小的问题同样存在。虽然中国给林业部门很多政策和资金上的支持，但地方政府对林业以及对中俄林业合作企业的支持力度很小，黑龙江省的情况正是如此。中俄地方政府间缺乏法律框架下的保障机制，俄罗斯政府对于中国企业在俄罗斯投资所面临的风险，没有给予基本的保障，风险只能靠到俄罗斯投资的中国企业自己去承担。中国黑龙江省对俄罗斯的林业进行投资的企业大部分是私营企业，设备原始，企业协作能力弱，规模小，加工链条短。同时，俄罗斯大部分企业对生产标准不重视，缺少规范的生产制度，所以中国在俄罗斯的木材加工企业整体技术水平不高，产品附加值低。再加上资金薄弱，在融资上又受到很大限制，中国政府对中小企业和民营企业的对俄合作给予的资金和政策支持较少，无法解决中小企业的实际困难。

由于中国黑河市与俄罗斯远东地区第三大城市布拉戈维申斯克市隔江相望，所以黑河市对俄罗斯的林业合作走在了黑龙江省的前列。2008年，首届中俄林业生态建设学术论坛在中国黑河市举行。以此为平台，中俄双方加强了林业科技合作与交流，合作领域不断扩大。中国黑河市林业局先后从俄罗斯引进蓝靛果忍冬、花楸、穗醋栗、小叶椴等58个树种，创办了中俄林业科技合作产业示范园区。2012年，该园区被辟建为"国家引进国外智力成果示范推广基地"，进一步加强了与国内10个科研院所和俄罗斯8所科研机构的技术交流与合作。①

中国牡丹江市林业资源丰富，产业基础坚实，对俄罗斯区位优越。牡丹江市对俄罗斯交往有百年的历史，是全国中俄经贸合作第一大市，在推进对俄罗斯林业合作方面有着丰富的经验。牡丹江市有条件打造世界级高档纸业生产基地、国家级人造板生产基地、中国北方木制家具制造中心、北方新兴木制地板中心、东北亚区域林业会展中心五大产业集群。

绥芬河市拥有良好的陆路口岸环境，应进一步加快口岸改造建设，简化通关手续，推进大通道常态化运营，为对俄罗斯林业合作创造高效、优质的口岸环境。

如今俄罗斯政府通过各种政策鼓励外资进入俄境内开展木材深加工业。免除所有加工产品出口关税；免除俄罗斯不生产的技术设

---

① 杨林川. 中俄林业生态建设学术论坛在黑河举行 [EB/OL]. (2014-06-15) [2019-04-09]. http://heilongjiang.dbw.cn/system/2014/06/15/055788692.shtml.

备和木材加工设备进口关税；投资额达 3 亿卢布的项目免除竞标，以半价获得林区租赁权等，以此鼓励外资开展木材深加工。我国的木材加工企业应该及早利用政策，转变投资模式，扩大对俄罗斯木材深加工方面的合作，深化合作领域，探索多元化的合作模式。

3.3.3 人 文

人文领域的交流与合作可以增进两国人民的相互了解，克服两国经济发展的障碍，促进两国的经济发展，巩固和发展两国的睦邻友好关系。目前，中俄人文合作机制已成为大国间开展文明对话的典范，是中俄双边关系的重要组成部分，与政治互信、经贸合作共同构成中俄关系的三大支柱。截至 2015 年，中俄人文合作委员会成功举办了 15 次会议，双方互办了"国家年""语言年""旅游年"等大型国家主题交流年活动，制定了《中俄人文合作行动计划》，在两年的时间里计划共同举办 600 多项活动。①根据签署的《中俄人文合作行动计划》，两国将扩大留学生交流规模，鼓励两国青年到对方国家的教育机构学习。到 2020 年，两国互派留学生总人数将达到 10 万人次，其中中国派 5 万名学生到俄罗斯学习当地科学、技术、文化、语言和艺术，来华留学的俄罗斯学生也将达到 5 万人次。

（1）文化交流

1992 年，中俄两国政府签署了《中华人民共和国政府和俄罗斯联邦政府文化合作协定》，在该协定框架内，两国文化部陆续签订了 7 份文化合作议定书，使中俄文化交流达到了一个新的高度。此后，两国文化部长开始定期互访，并签署了两国定期文化交流的合作计划。两国的总理会晤机制在中俄文化艺术交流方面发挥了积极的指导和促进作用。2001 年 9 月签署的《中俄总理第六次定期会晤联合公报》指出，双方同意在对等的原则基础上定期举办文化节，制定

---

① 李晶晶．刘利民：人文合作机制已成为中俄关系三大支柱之一 [EB/OL]. (2015-02-18) [2019-04-09]. http://news.ifeng.com/a/20150515/43766924_0.shtml.

并实施包括电视、电影和戏剧艺术领域的文化合作项目，开展文艺人才培训方面的合作，制定并协商相互设立文化中心的思想。

2005 年 7 月，根据《〈中俄睦邻友好合作条约〉实施纲要（2005 年至 2008 年）》，中俄两国于 2006 年在中国举办"俄罗斯年"，2007 年在俄罗斯举办"中国年"。"国家年"和"语言年"成为中俄文化交流的盛会。2006 年 3 月，中国举办"俄罗斯年"，俄罗斯 7 个联邦区领导、65 个州长来华访问，数万名俄罗斯人来华举办活动。中国直接参加"俄罗斯年"活动的人数约有 50 万人，通过媒体经常关注"俄罗斯年"活动的人数达几亿人。双方还共同举办了涉及政治、经贸、文化、科技和军事等多个领域的 300 多项活动。中俄双方在"国家年"的框架下，还举办了大学生艺术节、大学校长论坛等一系列丰富多彩的文化交流活动。莫斯科中国文化中心自 2012 年 11 月开始试运行，并于 2012 年 12 月 5 日揭牌。莫斯科中国文化中心是中国政府根据《中华人民共和国政府和俄罗斯联邦政府关于互设文化中心的协定》在俄罗斯联邦首都莫斯科市设立的官方文化机构。莫斯科中国文化中心以"优质、普及、友好、合作"为宗旨，围绕"文化交流、教学培训、思想对话、信息服务"等职能，在俄罗斯常态化开展活动，广泛开展交融互鉴，全面、协调、持续地推广和传播中华文化，并为文化的交流互鉴提供稳固平台。中俄两国确定 2014 年及 2015 年为中俄青年友好交流年，在这一框架下中俄青年交流人数达 10 万余余人。

中国东北地区因地缘优势，与俄罗斯远东地区每年都会举办形式多样的文化交流活动。活动内容主要有哈尔滨冰雪节，俄罗斯画家作品展，孔子学院中小学生冬、夏令营，俄罗斯中小学校长、汉语教师来华文化体验之旅，俄罗斯内务部文艺代表团来华访问演出等。这些活动均取得了良好的社会反响。

自 2010 年起，中国黑河市与俄罗斯布拉戈维申斯克市已经成功举办多届中俄文化大集。中俄文化大集是展示文化魅力、促进文化交流的平台，是发展友好合作、推动共同繁荣的纽带。它以文化为牵引，进一步密切了中俄各个领域的交流合作，增进了中俄两国人民的友好情谊，彰显了黑河市对外开放大通道的重要地位和作用。中俄文化大集虽然是文化活动，但其开放的模式、丰富的内涵，早已超越了文化层面，产生了更加广泛的效应。特别是中俄文化大集上升为国家级文化节后，其影响更加深远，成为中俄两国不断发展友好合作关系的重要载体。

开展文化交流活动的目的是推动新时代中俄全面战略协作伙伴关系继续发展，促进中俄世代友好，带动双方各领域务实合作。

（2）教育合作

中俄教育合作主要体现在高等教育层次。1995 年 6 月，两国签署了《中俄关于相互承认学历、学位证书的协议》。2000 年12 月，时任中国国务院副总理李岚清访俄，与时任俄罗斯副总理马特维延科共同主持中俄教科文卫体合作委员会第一次会议。此后，两国建立了副总理级的人文交流机制，双方教育合作力度不断加大，包括鼓励本国青年学习对方国家语言，开展人才联合培养，支持搭建校际合作平台，不断扩大青少年交流规模等。

随着两国文化交流的不断深入，中俄高校及科研院所的合作也取得了很大的成果。中科院沈阳计算机研究所和自动化研究所、大连化学物理研究所等都有与俄罗斯合作的研究项目。辽宁大学、大连外国语大学、沈阳师范大学、吉林大学、东北师范大学、长春大学、黑龙江省社会科学院、黑龙江大学以及黑河学院等多所院校都与俄罗斯有经常性的学术交往和互派留学，我国还在俄罗斯建立了孔子学院。中国在俄罗斯设立的孔子学院有 17 所，孔子课堂有 4个，其中，东北三省在俄罗斯建立 10 所孔子学院，位于远东地区的孔子学院有 3 所。孔子学院在汉语教学及传播中国文化方面起到了积极的促进作用。2017 年，位于布拉戈维申斯克国立师范大学的孔子学院成立 10 周年，共培养汉语学员 10 240 人，有 5 个汉语教学点，举办各种形式的中国文化宣传推广活动千余场，承办、协办高层次文化交流活动百余次，为培养俄罗斯汉语人才、帮助俄罗斯民众了解中国文化、增进中俄两国人民的友谊作出了积极的贡献，激发了当地俄罗斯人学习汉语及了解中国的热情。①中国内蒙古大学等内蒙古自治区 5 所高校分别与俄罗斯布里亚特国立大学等 10 多所高校和科研机构建立了稳定的校级合作关系。俄罗斯布拉戈维申斯克国立师范大学与中国多所高校建立合作关系，并成功举办 6 届"中俄合作历史与前景研讨会"及 6 届"俄语我心中的歌"中国东北高校俄语大赛，并在中国东北 7 所院校挂牌成立俄语中心，为培养中国俄语人才及促进俄罗斯文化在中国的传播作出了突出的贡献。中国黑龙江省教育部门抓住"中蒙俄经济走廊"黑龙江陆海丝绸之路经济带建设规划的重大历史机遇，以一些重大活动为平台和契机，充分发挥黑龙江省地缘和人文优势，突出政府主导、学校参与的特点，积极做好顶层设计，推动对俄罗斯教育交流合作向更高层次、更高水平发展。近年来，中国黑龙江省 9 所大学与俄罗斯 11 所高校合作举办各类办学项目 22 个，每年招收合作培养学生 1 540 人。随着俄罗斯来华留学生数量稳步增长，黑龙江省已成为中国接收俄罗斯留学生人数最多的省份。黑龙江省建设的中俄联合研究生院、俄语中心、对俄学生交流基地、孔子学院等中俄教育交流平台在国内居于领先地位。②截至 2018 年 6 月，在俄罗斯的中国留学生总数达到 3 万人。

近些年中国东北地区与俄罗斯远东地区依托高校的科技合作也取得了显著成果。中俄工科大学联盟正式成立于 2011 年 3 月，由

---

① 王晓梅. 俄罗斯布拉戈维申斯克国立师范大学孔子学院举办新生见面会 [EB/OL].（2018-09-07）[2019-06-03]. http://www.hhhxy.cn/info/1038/15156.htm.
② 姜姗姗. 黑龙江 9 所大学与俄 11 所高校合作办学 每年招收学生 1 540 人 [EB/OL].（2019-02-25）[2019-06-03]. https://baijiahao.baidu.com / s? id= 16264223007 34376959&wfr=spider&for=pc.

中国哈尔滨工业大学与俄罗斯鲍曼莫斯科国立技术大学联合发起成立。该联盟的宗旨是"汇集中俄工科精英大学，培养高素质人才，推进中俄人才交流与科技合作，促进两国创新型经济的共同发展"。中俄工科大学联盟依托中俄两国工科精英大学的优势资源，开展互补性合作，组织并协调两国工科大学在教学、科研、文化教育和社会活动等领域的活动，为中俄两国工科高校开展合作与交流搭建平台。2014 年吉林大学正式加入中俄工科大学联盟，进一步推动与俄罗斯高校和国内兄弟院校开展互惠共赢、实质性的合作与交流，促进各联盟成员高校的共同发展。[①]吉林大学与俄罗斯莫斯科罗蒙诺索夫国立大学、圣彼得堡矿业大学等 10 余所大学一直保持着密切的合作与交流关系。

3.3.4 旅游业

中国黑龙江省与俄罗斯远东地区的旅游合作始于 1988 年国务院批准黑河-布拉戈维申斯克边境一日游项目。1992 年 12 月，中俄两国签订《中华人民共和国政府和俄罗斯联邦政府关于互免团体旅游签证的协定》，此后双方签署了一系列有关旅游合作的协议。2017 年经中国黑龙江省赴俄罗斯的出境人数达到 824 367 人次，同比增长 11.13%。中国旅游舆情传播智库发布的《俄罗斯来华旅游舆情及传播效果调查报告》显示，在全国范围内，哈尔滨市在俄罗斯的知名度仅次于北京市和上海市。同时，在俄罗斯游客最想去旅游的中国城市中，哈尔滨位列全国第三。哈尔滨市是俄罗斯游客购物的首选去处，五大连池是俄罗斯游客养生的必选之地，绥芬河市则成为俄罗斯游客旅游的最新选择。中国东北地区与俄罗斯远东地区积极开发旅游新产品，创建中俄边境区域旅游品牌，共同打造"中俄边境最佳旅游目的地"——黑龙江[②]。截至 2018 年，黑龙江

---

① 吉林大学国际合作与交流处. 吉林大学成为中俄工科大学联盟中方正式成员单位 [EB/OL]. (2014-11-06) [2019-04-09]. http://news.xwh.cn/2014/1109/287337.shtml.
② 李晶琳. 中俄旅游合作 风景这边独好 [N]. 黑龙江日报，2018-06-18.

省 A 级景点数量为 402 个，其中 5A 级景点数量为 5 个，分别分布在哈尔滨市、黑河市、牡丹江市、伊春市及漠河市；4A 级景点数量为 108 个；3A 级和 2A 级景点数量分别为 149 个和 123 个。2017 年，黑龙江旅行社数量为 705 家，实现营业收入 32.84 亿元；黑龙江省星级酒店数量为 208 家，其中三星级酒店数量为 115 家，占比为 55.3%。2017 年开展赴俄罗斯团体旅游免签业务的旅行社增加到 151 家，是全国有边境旅游经营权旅行社数量最多的省份之一。

黑龙江省积极打造黑河市、绥芬河市等对俄旅游门户。2015 年，黑河口岸中方出入境人员达到近 40 万人次，同比增长 19.9%，占出入境总人次的 55.5%，10 年来出入境人员首次出现以中国公民为主。黑河口岸出入境旅客连续 7 年超百万人次，累计跨境旅游者达 1 800 万人次。目前，黑河市对俄通道建设被纳入"中蒙俄经济走廊"黑龙江陆海丝绸之路经济带规划，被定位为沿边开发开放区域中心城市。俄罗斯经济发展战略性东移，首次批准了 14 个远东超前经济发展区，其中阿穆尔州有 2 个。黑河市抓住机遇，在"两国一城，共同繁荣"的理念下，把"中俄双子城"边境旅游打造成中俄友好交流的典范。绥芬河市对面的符拉迪沃斯托克市是俄罗斯远东地区最大的军港，黑龙江省抚远县对面的哈巴罗夫斯克市是俄罗斯远东地区最大的城市，黑河市对面的布拉戈维申斯克市是阿穆尔州首府。黑龙江省作为中国最重要的对俄边境旅游区，是"一带一路"倡议东部陆海丝绸之路的重要节点，25 个国家一类口岸中 13 个口岸开展了中俄边境旅游异地小照业务，出境旅游非常便利。

俄罗斯是中国吉林省第二大入境客源市场。自 1992 年起，中国吉林省就开展对俄罗斯边境旅游业务，呈现良好的发展态势。中国吉林省旅游部门与俄罗斯远东地区旅游部门间的双边协调机制日益健全和完善，在"大图们倡议"、东北亚地区地方政府首脑会议的框架下，建立了中俄朝图们江区域旅游厅（局）长圆桌会议机制和东北亚旅游论坛等平台。在"大图们倡议"秘书处和俄罗斯滨海边疆区的支持下，中国吉林省还成立了中国东北地区第一家国际旅游机构——东北亚多目的地旅游促进中心。2016 年，该中心已开通长春市至符拉迪沃斯托克市的直航，同时开通了珲春市至符拉迪沃斯托克 3 日游及 4 日游项目，有 38 家旅行社经营对俄罗斯边境旅游业务。近些年来，吉林省还开发了中俄朝三国环形跨国游、东北亚陆海空联运环海游等多目的地跨境旅游产品。2017 年，吉林省接待俄罗斯游客 296 462 人次。

俄罗斯是辽宁省主要的海外客源市场之一。滨海度假、温泉疗养等专项旅游对俄罗斯游客，特别是俄罗斯远东地区的游客具有很大的吸引力。近些年来，旅辽俄罗斯游客数量一直呈逐年增加的态势。据统计，2016 年，辽宁省共接待俄罗斯游客 224 550 人次，列辽宁省入境游客总量的第 2 位。在辽宁省温泉旅游项目中，鞍山汤岗子疗养院每年吸引俄方来汤岗子温泉旅游和治疗的游客达 6 000 人以上。

中国内蒙古自治区与俄罗斯外贝加尔边疆区建立了"边境旅游协调会议制度"，每年召开一次协调会议。如今中国内蒙古自治区东部旅游业得到飞速发展，具有区域整合发展的条件，因此，需要对各盟市旅游资源进行系统盘点，打破行政区划界限，系统整合旅游资源，进行区域合作，形成系列旅游产品或旅游线路，打造整体旅游业；同时，加强与俄罗斯外贝加尔边疆区的旅游项目的深入合作，打造沿边旅游新热点。

3.3.5 科技创新

1997 年 6 月，在中俄总理定期会晤委员会第一次会议上，双方正式决定，在委员会框架内设立科技合作分委员会，以统一协调和管理在科技合作领域中的事宜。两国在分委员会框架内还成立了"中俄重点科研院所合作工作小组"，并采取了各项政策措施，支持两国科研机构和企业在科技园区推广科技成果，加强科技园区管理方面的交流，形成在高科技领域的双边合作机制。2014 年，中俄签署《中华人民共和国与俄罗斯联邦关于全面战略协作伙伴关系新阶段的联合声明》，中俄合作又跨上了一个新的台阶。中国东北老工业基地振兴和俄罗斯远东开发等一系列战略部署，为中俄双方提供了科技合作的新机遇。

俄罗斯是科技大国、科技强国，拥有雄厚的科技潜力，众多训练有素的科学家和工程技术专家，众多活跃在世界科技前沿的科学学派，自主创新的自信心和能力，众多有待转化和产业化的先进的科研成果、专利和技术工艺诀窍。我国作为全球最重要的制造业基地，面临着整体的技术改造和产业升级，从而对先进技术工艺拥有巨大市场需求。因此，引进俄罗斯技术在我国实现转化和产业化有现实基础和可能性，同时符合双方的利益。

中国黑龙江省与俄罗斯远东地区的科技合作，不仅具有得天独厚的地缘优势，而且具有较强的科技实力。截至 2017 年，黑龙江省拥有中央属、地方属科学研究与开发机构 226 家，普通高校 81 所，两院院士 61 名，哈尔滨科技创新城已有 160 家单位 235 个项目，是黑龙江省对俄罗斯科技合作的重要基地。经过多年的发展，黑龙江省初步形成以哈尔滨工业大学等一批国家重点院校为主体的高端国际合作的研发体系，以哈尔滨高新技术开发区等一批国家级开发园区为主体的国际科技合作的承载体，以中航工业哈尔滨飞机工业集团有限责任公司等一批企业为主体的国家科技合作成果落地转化体系。黑龙江省与俄罗斯科学院远东分院等 200 多家俄罗斯联邦的独联体国家的科研单位、大专院校、企业建立了联系，双方的专家互访年均近千人次，一批合作项目正在联合研发和产业化的过程中。

俄罗斯阿穆尔州共青城国立工业大学在中国全面推广 TRIZ 过程中作出了重要贡献。2007 年 9 月，在共青城国立工业大学的全力支持和该校 TRIZ 专家的帮助下，作为中国技术创新试点省的黑龙江省率先在黑河市举办了第一期 TRIZ 培训班，从此拉开了中国全面引进 TRIZ 的序幕。黑河学院是中国最早从事 TRIZ 研究的高校之一。2008 年 4 月，黑河学院在中国高校中率先成立了 TRIZ 理论研究所（现已升格为黑龙江省 TRIZ 理论研究所）。黑河学院与俄罗斯高校有着 20 多年交流合作的历史，与共青城国立工业大学建立了长期合作的友好关系，为双方 TRIZ 合作研究奠定了良好基础。中俄高校间科研合作将会有更广阔的空间。

中国黑龙江省与俄罗斯地区间科技合作，涉及国民经济的各个领域，并且在务实前提下不断创新。

第一，构建了多元化的信息交流平台。中俄科技合作的平台网、中俄科技合作信息网以及东方一号网等三个大型的网站，与多家俄罗斯以及独联体国家信息网站建立链接，为国内投资者开展科技合作提供大量信息，成为中俄开展科技合作交流的有效的信息媒介。

第二，建立联合的研发平台。2018 年，黑龙江省有 21 家国家级国际科技合作基地，其中有 10 家基地从事的科技合作与俄罗斯密切相关，与俄罗斯诸多的研究院所和高校建立了稳定的合作关系，在航空航天、船舶海洋、先进材料、能源化工等方面开展富有成效的合作研究工作。

第三，建设科技成果交流的平台。中国哈尔滨市国际科技成果的展交会作为"我国对俄科技合作的一面旗帜"，已成为欧亚国家科技界在哈尔滨市举办的"科技日"，开展创新对话的平台，营造了独具特色的开放生态和文化氛围，是哈尔滨市对外科技合作与交流的重要途径。2018 年 10 月 11 日，在中俄地方合作交流年框架下，由中国科学技术部和俄罗斯联邦科学与高等教育部联合主办的中国-俄罗斯科技创新日暨第三届中俄高技术论坛在哈尔滨新区正式拉开帷幕。作为"对俄合作中心城市"，哈尔滨市科技资源丰富，对俄罗斯合作基础坚实，发展潜力无限。哈尔滨市将进一步发挥对俄罗斯的合作优势，深度融入共建"一带一路"，积极构筑哈尔滨市国际科技合作新高地。

黑龙江省今后把"科技兴贸"作为对俄罗斯科技经贸合作的重中之重，积极协调国家相关部门，争取政策支持，设立对俄罗斯科技合作风险基金，加强中俄科技合作的中介机构和咨询评估机构建设，共建国际性、开放型的研究院和实验室及培养对俄罗斯科技合作的复合人才，进一步拓宽对俄罗斯科技信息渠道，促进黑龙江省经济的快速发展。

中国辽宁省与俄罗斯的科技合作不断深化，进入了实质性合作阶段，共建了辽宁中俄科技园，依托科技园，在大连市和沈阳市分别设立了中俄科技合作及产业化中心或基地，包括大连中俄高新技术转化基地、沈阳中俄科技合作基地、辽宁中俄高新技术转化中心和俄罗斯大连高新技术转化中心，在新能源、新材料、机械制造、海洋技术、林业技术等领域开展合作，实现项目产业化，加大力度促进高新技术成果转化。①中俄科技合作的服务平台初具规模，形成了以科技中介机构为主体、服务全省、具有鲜明特点的对俄罗斯技术转移和辐射平台。辽宁省掌握了俄罗斯科研项目源 3 000 余个，同时在俄罗斯拥有众多合作单位。

中国吉林省具有与俄罗斯进行科技合作的区位优势、人才优势和科技基础优势。在吉林省政府的积极支持下，吉林省在对俄罗斯的科技合作过程中转变观念，强化管理，开辟了中俄科技合作的多种渠道，推动了吉林省科技的快速发展。吉林大学积极与俄方联合搭建科研平台，于 2010 年与俄罗斯科学院远东研究所联合成立"中俄区域合作研究中心"。

---

① 高欣. 新机遇下辽宁对俄经贸合作现状、问题及对策研究 [J]. 对外经贸，2015（10）：13-15.

本章小结

中国东北地区与俄罗斯远东地区在联动发展中，由于地域相邻的区位优势和区域基础设施发展不平衡带来的障碍，必然会在铁路、公路、航空及管道等基础设施领域优先联动，为两国区域的联动发展提供基本保障。两个地区在天然气、石油、煤炭及电力等资源能源领域优先联动，充分体现了基于中俄两国比较优势的互补互利。农业、林业、文化、旅游及科技创新等领域的优先联动体现了传统优势产业合作的延续深化与新兴产业的协同开发。

第4章　中国东北老工业基地振兴与俄罗斯远东开发联动效应分析

中俄毗邻地区的经济联动是国际经济一体化的必然结果，是通过建立统一的市场网络和协作机制，实现区域资源和功能的有机融合，从而获得"整体"大于"个体"之和的效应。

4.1　中国东北老工业基地振兴与俄罗斯远东开发联动效应的定性分析

依据国际区域一体化理论及两个区域合作发展的历程所取得的成绩，判断中国东北老工业基地与俄罗斯远东地区存在联动并产生相互影响和作用，表现为区域经济增长的资源互补效应、产业集聚效应与圈带辐射效应。

4.1.1 资源互补效应

区域资源决定了区域的定位和功能，中国东北地区与俄罗斯远东地区无论物质资源还是非物质资源都具有明显的互补性。中国东北地区与俄罗斯远东地区的联动将更好地发挥资源互补效应。区域内的生产要素价格不同，投资和消费从成本较高的区域流向成本较低的区域，从而提高资本的回报率。

中国东北地区和俄罗斯远东地区在农业资源方面的互补主要体现为土地资源的互补、农业劳动力资源的互补、农业技术的互补和农产品的互补。双方联动不仅能有效解决两国人口和耕地的矛盾，平衡农产品供需关系，还能促进农业资源信息的沟通交流，提高农业科技成果的转化率。如中国黑龙江省利用自身农业优势走出去，在俄罗斯滨海边疆区米哈伊尔洛夫卡地区创建的华信农业合作园区已成为集种植、养殖、加工为一体的大型农业综合园区，耕作技术和设备达到世界先进水平，成为中俄农业合作的最大平台。境外园区的创建不仅为俄罗斯远东地区的农业开发带去了技术和劳动力，丰富了当地的农产品供应，同时增加了两国人口的就业机遇。2018年，中国从俄罗斯运回近 2 万吨在俄罗斯种植的"国产大豆"，俄罗斯出口至中国的大豆已从此前的 40 万吨增加至 84.6 万吨，翻了一番还多。

中国东北地区和俄罗斯远东地区在林业资源方面的互补主要体现在林木培育、采伐、加工以及林区生态保护方面。中国东北地区虽然是全国森林面积最广阔、森林资源最集中的地区，但仍不及俄罗斯远东地区。俄罗斯远东地区现有广大面积的森林，有许多珍稀的树木品种是我国所没有或稀缺的，但因其缺乏资金、采伐加工技术及工人，森林资源对区域经济的贡献度还不高。近些年来随着中国企业参与俄罗斯和中俄木材工贸园区的建设，其显著效应是俄罗斯对中国木材资源的出口保障和俄罗斯森工技术条件的改善，而后者对俄罗斯远东地区经济发展的后续效应将远远大于前者。

中国东北地区和俄罗斯远东地区矿产资源的互补主要体现为石油、天然气、有色金属、黑色金属及煤炭等方面。中俄两国虽然都是矿产资源大国，但两国矿产资源的供需市场具有明显的互补性。俄罗斯远东地区蕴含全国 80% 以上的矿产资源，远东开发和国家经济发展对能源矿产资源的依赖性不断增强，而中国东北地区能源矿产资源的蕴含量和开采量在逐年萎缩，很多资源型城市发展面临转型的压力。基于两国的市场和战略需求，近些年来两国矿产资源领域的合作逐年增加，尤其在石油、天然气、煤炭等能源领域的合作取得了积极的进展，直接体现的经济效应是能源贸易对区域经济发展的贡献度逐年提升。同时，能源战略合作是提高中俄两国的国家安全保障、制衡东北亚乃至世界局势的重要筹码。

中俄两国在非物质资源方面的互补主要体现为劳动力资源和科技创新方面的互补。劳动力和知识当今已成为世界经济发展的关键性要素。由于双方在劳动力供需市场上存在很强的结构及数量上的互补性，近些年来中国东北地区与俄罗斯远东地区开展了各种形式的劳务合作，为俄罗斯远东地区的经济发展带来勃勃生机。双方在科技创新方面的合作亮点频现，合作层次越来越高，合作领域越来越广泛，合作方式越来越多样化。双方科技创新方面的合作充分体现了资金、技术和人才的融合，大项目的开展不仅为双方带来可观的经济效益，更是解决俄罗斯经济结构性危机和中国东北地区结构性调整压力的有效途径。

4.1.2 产业集聚效应

中国东北地区和俄罗斯远东地区由于双方发展的政策导向和资源禀赋特点，带来了相关产业上的集聚。产业集聚不但能提高劳动生产率，还能使创业者更容易发现产品或服务的缺口，从而发现市场机会，促进劳动力和资金向产业集聚地区流动，提高中国东北地区和俄罗斯远东地区工业化和城镇化的发展水平。

同时，产业集聚将打破垄断，加剧同行业之间的竞争，迫使企业提供更优质的产品和服务，提高企业的国际竞争力。竞争虽然会使绩效差或者平庸的企业感受到压力甚至倒闭，但无论竞争对手是本国还是国外的企业，其存在都具有更大的积极意义。融合与碰撞不但使产业技术趋于标准化，同时面对竞争对手，企业永远不能自满自足，必然迫使企业进行不断的技术创新与管理变革，从而获得更大的竞争优势，促进新产品诞生，助推新市场的开拓，提高产业声誉和产品的知名度。另外，产业集聚还将增加对原材料的需求，降低买方市场的风险，在竞争激励中取得正和博弈结果。

4.1.3　圈带辐射效应

随着中美和美俄之间的战略博弈、朝鲜政策目标的转变、韩美"萨德"导弹防御系统的部署、日本"政治和军事大国"道路步伐的加快，东北亚政治经济格局体现出大国力量汇集、合作与竞争并存的地缘政治经济特点，使东北亚地区的安全变得脆弱，经济一体化进程放缓。2014年以来，俄罗斯在美欧制裁的困局之下，大力加强"东进"动作，加强与中国和朝鲜的合作，批准建立了18个远东超前发展区，吸引外来资本投资和移民开发远东。在这一背景下，中国东北地区和俄罗斯远东地区的联动必然对东北亚经济圈的安全稳定起到积极的作用。

中俄两国"一带一路"倡议与欧亚经济联盟战略的对接，将促进中国东北地区和俄罗斯远东地区的政策沟通，强化区域发展一体化的制度保障；促进俄罗斯远东地区的基础设施建设，加速两国边境地区的道路联通；促进中俄自由贸易区建设，畅通双边贸易渠道；促进金融合作，实现人民币和卢布在两个区域的自由流通；促进人文交流，消除制约双方合作的意识障碍。

4.2 中国东北老工业基地振兴与俄罗斯远东开发联动效应的定量分析

基于理论假设，中国东北老工业基地振兴与俄罗斯远东开发存在联动效应，但联动效应的方向和程度在定性分析中无法确定。本部分定量分析意在通过筛选能够客观评估区域经济活动的相关指标数据，探求中国东北老工业基地振兴与俄罗斯远东开发有无联动效应以及联动效应的大小和方向，从而为中国东北老工业基地振兴与俄罗斯远东开发对策的提出提供依据。

4.2.1 指标选取与数据来源

（1）指标选取

经济增长联动是指某个经济区在发展过程中，通过经济联系带动另外一个经济区的发展，是两个区域联动发展的主要形式，也是两个地区所有经济活动相互联系的集中体现和反映，主要采用地区生产总值、社会固定资产投资及工业增加值来表示和分析。

对外贸易联动是指通过一个经济区对另外一个经济区的产品和服务等方面的需求和供给，使两个区域经济发展相互带动的动态过程。

对中俄毗邻地区来讲，两国经济联动发展可通过国际往来账户反映出来。由于贸易数据在统计过程中没有细化到中国东北地区对俄罗斯远东地区或者俄罗斯远东地区对中国东北地区，因此本书仅采用中国东北地区对俄罗斯联邦进出口以及俄罗斯远东地区对中国进出口指标数据来表示和分析。

工业化进程联动是从经济社会发展阶段来谈的，是两个经济区在社会、城市、经济等方面发展的综合反映，是两个经济区联动发展的高级层次，主要用地区生产总值、工业化率等指标来表示和分析。

（2）数据来源

本书数据主要取自世界银行（http://www.shihang.org）、俄罗斯联邦国家统计局（http://www.gks.ru）及中央统计数据库（CBSD）（http://cbsd.gks.ru）、中华人民共和国国家统计局、Wind资讯、黑龙江省统计局、辽宁省统计局、吉林省统计局、内蒙古自治区统计局以及内蒙古自治区东部五市统计局公开发布的统计年鉴、统计公报等权威数据。为统一计量单位，根据世界银行发布的年度国别官方美元汇率价，将相关指标数据统一转换成美元计价。同时，为消除量纲及异方差影响，分别对地区生产总值、工业增加值、固定资产投资、进口总额、出口总额、进出口总额以及工业化率等时间序列数据取对数，并采用 ADF 单位根检验、Johansen 协整检验、格兰杰因果关系检验（Granger Causality Test）以及向量误差修正（VEC）模型等方法进行检验，以避免时间序列数据分析的伪回归问题。具体数据表见本书后面的附录 1 及附录 2。

（3）关于几个指标数据的说明

鉴于中俄统计方法、统计口径以及货币汇率上的差异，特别需要对个别指标数据的取得及换算进行说明和介绍。

第一，人民币和卢布对美元汇率的选取。

国际货币交换汇率的计算方法有多种，但主要分为两种：一是按照国际购买力平价计算的主要货币之间的换算比率；二是按照外汇市场的平均交易价格计算的货币交易价格，这种价格按照取值时间点的不同，又分为月初、月末以及月平均交易价格。本书主要采用世界银行统一公布的年度国别官方交易汇率。由于世界银行提供的人民币对美元汇率的数据只有 2004—2015 年的数据，没有 2004年以前的汇率数据，考虑到其后期数据主要采用官方公布的汇率数据，且与国家统计局的中国统计年鉴中的数据一致，因而1998—2003年的汇率数据主要采用国家统计局发布的人民币对美元年平均汇率数据。关于俄罗斯卢布对美元的汇率数据，考虑到汇率计算口径统一的问题，我们采用世界银行数据库提供的1998—2015年卢布对美元汇率的年平均数据。

第二，社会固定资产投资统计口径的问题。

根据国家统计局对主要统计指标的诠释，全社会固定资产投资是以货币形式表现的在一定时期内全社会建造和购置固定资产的工作量以及与此有关的费用的总称，是反映固定资产投资规模、结构和发展速度的综合性指标。全社会固定资产投资按登记注册类型可分为国有、集体、联营、股份制、私营和个体、港澳台商、外商和其他等；按活动类型可分为农林牧渔业，采矿业，制造业，电力、热力、燃气及水生产和供应业，建筑业，批发和零售业，交通运输业，仓储和邮政业，住宿和餐饮业，金融业，房地产业等。我国全社会固定资产投资主要按照经济管理部门进行统计，这与我们的管理制度特征是相适应的。俄罗斯联邦的统计制度主要延续了苏联留下来的统计体系和方法，因而在统计体系上大致是接近的，但在具体统计指标内涵及统计口径上存在较大差异。从投资起报点来看，我国固定资产投资的统计标准经历了三次调整，从1995—1996年的5万元、1997年的50万元，调整到2011年的500万元，投资起报点大幅提高；从投资统计的具体内容来讲，俄罗斯对于可见、可察的个体农民的投资也统计在内，而我国大多采取间接估计的方法进行统计。尽管中俄固定资产投资存在统计口径和内容的差异，但又找不到可以扣除的相关数据，因而中国东北老工业基地投资主要采用全社会固定资产投资这个替代性指标，俄罗斯远东地区主要采用按资金来源和经济活动统计的固定资产投资这个替代性指标进行分析。

第三，进出口贸易指标数据的问题。

双边进出口贸易活动是中俄东部毗邻地区经济合作发展的直接体现，也是双边互动发展的重要方面。但由于两国官方现有统计数据主要以国别为统计对象，而不是以地方行政单位作为贸易统计起点，对于两国毗邻经济区的双边贸易活动并没有完整的地区一级的统计数据。具体而言，俄罗斯远东地区对外贸易活动统计对象没有具体细化到中国东北三省及内蒙古自治区东部五盟市，中国东北三省及内蒙古自治区东部五盟市也只有对俄罗斯联邦的进出口数据。最为重要的是，许多国内的货物通过黑河、绥芬河、满洲里等口岸出口到俄罗斯，但实际上并不是在中国东北老工业基地生产的。鉴于进出口贸易在中俄东部毗邻地区合作发展的重要性，又缺乏直接的进出口贸易数据，因而只能采用东北三省及内蒙古自治区东部五盟市对俄罗斯贸易数据和俄罗斯远东地区对中国的数据进行替代性分析。

4.2.2　模型的选取和建立

分析两个区域发展及紧密联系程度的模型较多，主要有多元线性回归模型、联立方程模型以及向量自回归（vector auto-regression，VAR）模型等。下面主要对这三种分析模型进行简单介绍。

（1）多元线性回归模型

在研究一个变量与多个变量之间的关系时，最常用到的模型就是多元线性回归模型。其模型形式为：

$$Y = \theta_0 + \theta_1 X_1 + \theta_2 X_2 + \cdots + \theta_p X_p + \zeta \tag{4-1}$$

其中：Y 表示因变量；X_i（i=1，2，…，p）表示自变量；ζ 表示随机扰动项。其基本原理就是使其利用最小二乘法所估曲线的残差平方和达到最小，以此确定因变量与自变量的关系及强弱程度。但当分析的数据是时间序列数据时，尤其是非平稳的时间序列数据时，就不能直接进行回归分析了，必须对非平稳的时间序列数据进行一阶、二阶甚至多阶差分处理，直至时间序列数据平稳。这样处理直接带来两个后果：一是变量间联动的趋势性因素被剔除，无法对两个变量的联动趋势进行直接分析；二是分析的重点发生了变化，由两个变量残差之间的分析转移到差分变量残差趋势的相关性分析上来了。更为重要的是，在时间短、样本数据较少的情况下，过多的"去趋势"处理法会降低回归参数估值的可信度。

（2）联立方程模型

在分析特定系统中各种经济变量之间的复杂关系，尤其是存在双向交错或者多个因果关系时，最常用到的分析工具便是联立方程模型分析法。其模型的一般形式为：

$$AY_t + BX_t = U_t \tag{4-2}$$

模型中共有 m 个结构方程，结构参数矩阵为（AB）。其中，A 是一个 m×m 维的矩阵，B 是一个 m×m 维的矩阵，Y_t 是 m 个内生变量组成的向量，X_t 是 m 个外生变量组成的向量，U_t 是 m 个随机项组成的向量。其展开后的形式如下：

$$\begin{bmatrix} a_{11} \cdots a_{1m} \\ \vdots \ddots \vdots \\ a_{m1} \cdots a_{mm} \end{bmatrix} \begin{bmatrix} Y_{1t} \\ Y_{2t} \\ \vdots \\ Y_{mt} \end{bmatrix} + \begin{bmatrix} b_{11} \cdots b_{1m} \\ \vdots \ddots \vdots \\ b_{m1} \cdots b_{mm} \end{bmatrix} \begin{bmatrix} X_{1t} \\ X_{2t} \\ \vdots \\ X_{mt} \end{bmatrix} = \begin{bmatrix} U_{1t} \\ U_{2t} \\ \vdots \\ U_{mt} \end{bmatrix} \tag{4-3}$$

联立方程模型分析的实质是利用指标数据，对其中的每个随机方程式进行参数估计，是一种系统分析法。这种分析法有其优点，也有其不足之处。其最大的问题是内生变量作为解释变量与随机误差项相关。在分析地区联动发展方面，联立方程模型存在一定局限：一是样本量要求较大；二是对潜在变量无能为力，直接导致异方差问题；三是重要变量设定时遗漏，会造成参数和方差–协方差矩阵的非一致估计，从而对统计推断的可信度造成深刻影响。

（3）向量自回归模型

在研究多个变量之间的动态关系时，最常使用的分析方法是向量自回归模型，又叫矢量自回归模型，是包含多个方程的非结构化模型。其原理是把系统中每一个内生变量作为所有变量滞后项的函数来构造回归模型。其一般表现形式为：

$$Y_t = C + \delta_1 Y_{t-1} + \delta_2 Y_{t-2} + \cdots + \delta_p Y_{t-p} + \xi_t \tag{4-4}$$

其中：$Y_t(t = 1, 2, \cdots, T)$ 表示 $n \times 1$ 的时间序列；C 表示 $n \times 1$ 的常数向量；$\delta_i(i = 1, 2, \cdots, p)$ 表示 $n \times n$ 维的自回归系数矩阵；ξ_t 表示 $n \times 1$ 维的向量白噪声。

假如我们要分析中国东北老工业基地和俄罗斯远东地区两个地区经济增长的动态关系，这个 VAR 模型就可以写成如下具体形式：

$$
\begin{bmatrix} Y_{CN,t} \\ Y_{RU,t} \end{bmatrix} = \begin{bmatrix} C_{CN,t} \\ C_{RU,t} \end{bmatrix} + \begin{bmatrix} \delta_{CN1,11} & \delta_{CN1,12} \\ \delta_{RU1,21} & \delta_{RU1,22} \end{bmatrix} \begin{bmatrix} Y_{CN,t-1} \\ Y_{RU,t-1} \end{bmatrix} + \begin{bmatrix} \delta_{CN2,11} & \delta_{CN2,12} \\ \delta_{RU2,21} & \delta_{RU2,22} \end{bmatrix} \begin{bmatrix} Y_{CN,t-2} \\ Y_{RU,t-2} \end{bmatrix} + \cdots +
$$
$$
\begin{bmatrix} \delta_{CNp,11} & \delta_{CNp,12} \\ \delta_{RUp,21} & \delta_{RUp,22} \end{bmatrix} \begin{bmatrix} Y_{CN,t-p} \\ Y_{RU,t-p} \end{bmatrix} + \begin{bmatrix} \phi_{CN1,11} & \phi_{CN1,12} \\ \phi_{RU1,21} & \phi_{RU1,22} \end{bmatrix} \begin{bmatrix} I_{CN,t-1} \\ I_{RU,t-1} \end{bmatrix} + \begin{bmatrix} \phi_{CN2,11} & \phi_{CN2,12} \\ \phi_{RU2,21} & \phi_{RU2,22} \end{bmatrix}
$$
$$
\begin{bmatrix} I_{CN,t-2} \\ I_{RU,t-2} \end{bmatrix} + \cdots + \begin{bmatrix} \phi_{CNq,11} & \phi_{CNq,12} \\ \phi_{RUq,21} & \phi_{RUq,22} \end{bmatrix} \begin{bmatrix} I_{CN,t-q} \\ I_{RU,t-q} \end{bmatrix} + \begin{bmatrix} \xi_{CN,t} \\ \xi_{RU,t} \end{bmatrix} \quad (t = 1, 2, \cdots, T)
$$

$$\tag{4-5}$$

其中：$Y_{CN,t}(t = 1, 2, \cdots, n)$ 表示中国东北老工业基地 t 期经济产出；$Y_{RU,t}(t = 1, 2, \cdots, n)$ 表示俄罗斯远东地区 t 期经济产出；$Y_t = (Y_{CN,t}, Y_{RU,t})$ 表示 2×1 阶随机产出向量；δ_1 到 δ_p 表示 2×2 阶的参数矩阵；$I_t = (I_{CN,t}, I_{RU,t})$ 表示 2×1 阶投资外生变量向量；ϕ_1 到 ϕ_q 表示 2×2 阶的待估系数矩阵；$\xi_t = (\xi_{CN,t}, \xi_{RU,t})$ 是白噪声序列，且满足 $E(\xi_t) = 0$，$E(\xi_t \xi_t') = Z$（Z 表示正定矩阵），$E(\xi_t \xi_s') = 0(s \neq t)$，p、q 是滞后阶数，T 表示样本容量。

向量自回归模型分析实质上刻画了每个序列对所有序列的滞后期，包括其本身的滞后期，对其进行回归，并且回归后每个滞后期变量都会得到一个自回归系数矩阵。值得注意的是，由于自回归系数较多，每个系数只反映了局部的动态关系，并不能捕捉全面复杂的互动过程。

通过介绍三种主要分析模型，我们看到，在分析两个地区经济发展联动效应方面，相对于多元线性回归模型、联立方程模型分析来说，向量自回归模型及向量误差修正模型更适合一些。因此，本书采用向量自回归模型对中国东北老工业基地和俄罗斯远东开发的动态关系进行分析。

4.2.3　实证分析

本部分将从经济增长、对外贸易以及工业化进程三个方面，对中俄远东毗邻地区的联动发展进行实证分析和研究，并提出相应问题。

（1）经济增长联动分析

第一，单位根检验。

由于多数时间序列是非平稳的，按照协整分析的要求，必须对时间序列数据进行平稳性检验。本书主要采用 ADF 单位根检验法，对地区生产总值、固定资产投资、工业增加值进行平稳性检验，检验结果如表 4-1 所示。

从表 4-1 中可以看出，GDPCN、ICN、IDUCN、GDPRU、IRU、IDURU 等序列都是非平稳时间序列，并具有时间趋势。值得注意的是，在对以上时间序列进行差分后，所有序列都是二阶单整序列。因此可以认为，对以上序列的分析不能直接采用多元线性回归分析法，应采用协整方法进行分析。

第二，协整检验。

协整检验的方法较多，本书主要采用 Johansen 检验方法。根据以上平稳性检验分析可以看到，GDPCN、ICN、IDUCN、GDPRU、IRU、IDURU 等序列都是二阶单整，因此符合协整检验的条件。检验结果如表 4-2 和表 4-3 所示。

表 4-1 变量单位根检验结果

变　量	(C,T,K)	ADF值	5%临界值	1%临界值	结论
lnGDPCN	(1,0,3)	-2.872108	-3.098896	-4.004425	
D(lnGDPCN)	(1,0,3)	-1.596701	-3.065585	-3.920350	
D(D(lnGDPCN))	(1,0,3)	-4.501258	-3.081002	-3.959148	I(2)
lnICN	(1,0,3)	-2.950879	-3.081002	-3.959148	
D(lnICN)	(1,1,3)	1.238923	-3.828975	-4.886426	
D(D(lnICN))	(1,1,5)	-41.988150	-4.008157	-5.295384	I(2)
lnIDUCN	(1,1,1)	-1.833785	-3.791172	-4.800080	
D(lnIDUCN)	(1,1,4)	0.599476	-3.791172	-4.800080	
D(D(lnIDUCN))	(1,1,3)	-4.518809	-3.791172	-4.800080	I(2)
lnGDPRU	(1,0,1)	-0.569410	-3.710482	-4.616209	
D(lnGDPRU)	(1,0,1)	-3.125664	-3.733200	-4.667883	
D(D(lnGDPRU))	(1,1,3)	-5.134468	-3.791172	-4.800080	I(2)
lnIRU	(1,0,1)	2.657672	-3.759743	-4.728363	
D(lnIRU)	(1,1,3)	-0.359724	-3.875302	-4.992279	
D(D(lnIRU))	(1,1,5)	-4.799304	-4.008157	-5.295384	I(2)
lnIDURU	(1,0,3)	-1.043113	-3.710482	-4.616209	
D(lnIDURU)	(1,1,2)	-3.070393	-3.733200	-4.667883	
D(D(lnIDURU))	(1,1,3)	-5.558962	-3.791172	-4.800080	I(2)

注：（1）括号中"CN"代表中国东北老工业基地，"RU"代表俄罗斯远东地区；（2）C、T分别代表是否带有截距项和趋势项（0表示不带有，1表示带有），K表示滞后阶数；（3）D(*)表示序列一阶差分，D(D(*))表示序列二阶差分。

表4-2 中国东北老工业基地经济产出对俄罗斯远东地区
投资和工业产出指标序列的协整检验结果

原假设	特征根	迹统计量	5%临界值	伴随概率**
0个协整向量	0.946814	62.867090	29.797070	0.0000
至多1个协整向量	0.602059	15.923610	15.494710	0.0431
至多2个协整向量	0.071119	1.180397	3.841466	0.2773

注：**表示在5%水平下拒绝原假设。

表4-3 俄罗斯远东地区经济产出对中国东北老工业基地
投资和工业产出指标序列的协整检验结果

原假设	特征根	迹统计量	5%临界值	伴随概率**
0个协整向量	0.835561	59.839350	29.797070	0.0000
至多1个协整向量	0.743461	30.955930	15.494710	0.0001
至多2个协整向量	0.436885	9.188334	3.841466	0.0024

注：**表示在5%水平下拒绝原假设。

从表4-2和表4-3中可以看出，在5%水平下，两组变量之间都至少存在一个协整向量。具体而言，中国东北老工业基地经济产出对俄罗斯远东地区投资和工业产出指标序列存在至多一个协整关系，俄罗斯远东地区经济产出对中国东北老工业基地投资和工业产出指标序列存在至多两个协整关系。无论哪一组数据，都存在至少一个协整向量，表明这两组变量之间存在长期协整关系。但由于协整检验只能检验变量之间是否存在长期均衡的关系，并不能说明变量之间的因果关系，因而需要进行格兰杰因果关系检验。

第三，格兰杰因果关系检验。

针对以上非平稳时间序列，我们采用格兰杰因果关系检验方法，对以上两组变量之间的因果关系进行检验。检验结果如表4-4和表4-5所示。

表4-4　中国东北老工业基地经济产出对俄罗斯远东地区工业和投资变量的格兰杰因果关系检验结果

Null Hypothesis:	Obs	F-Statistic	Prob.
lnIRU does not Granger Cause lnGDPCN	16	6.71379	0.0124
lnGDPCN does not Granger Cause lnIRU		6.50527	0.0137
lnIDURU does not Granger Cause lnGDPCN	16	0.03780	0.9630
lnGDPCN does not Granger Cause lnIDURU		0.54971	0.5922
lnIDURU does not Granger Cause lnIRU	16	37.8486	1.E-05
lnIRU does not Granger Cause lnIDURU		10.2458	0.0031

表4-5　俄罗斯远东地区经济产出对中国东北老工业基地工业和投资变量的格兰杰因果关系检验结果

Null Hypothesis:	Obs	F-Statistic	Prob.
lnICN does not Granger Cause lnGDPRU	16	2.74775	0.1077
lnGDPRU does not Granger Cause lnICN		2.23471	0.1533
lnIDUCN does not Granger Cause lnGDPRU	16	1.57935	0.2495
lnGDPRU does not Granger Cause lnIDUCN		4.11710	0.0463
lnIDUCN does not Granger Cause lnICN	16	0.50618	0.6162
lnICN does not Granger Cause lnIDUCN		8.64884	0.0055

从表4-4中可以看到，在中国东北老工业基地经济产出对俄罗斯远东地区工业和投资变量的格兰杰因果关系检验结果中，GDPCN 与 IRU 的伴随概率 p 值为 0.0137，小于 5% 的水平，说明 GDPCN 变化是 IRU 变化的原因。同样，IRU 与 GDPCN 的伴随概率 p 值为 0.0124，则拒绝原假设，说明 IRU 变化与 GDPCN 变化是因果关系，这与实际情况是吻合的。也就是说，俄罗斯远东地区社会固定资产投资的变化会引起中国东北老工业基地经济产出的变化，即俄罗斯远东地区社会固定资产投资的增长会通过经济联系促进中国东北老工业基地经济的增长。

同样，从表4-5来看，俄罗斯远东地区经济产出（GDPRU）对中国东北老工业基地工业产出（IDUCN）时间序列变量的格兰杰因果关系检验中，伴随概率p值为0.0463，说明GDPRU变化是IDUCN变化的原因。而ICN与GDPRU变化之间的因果关系不显著。

第四，脉冲响应函数。

由于格兰杰因果关系检验只能分析系统变量之间是否存在因果关系，而不能分析一个变量对另一个变量的影响是正还是负，以及影响持续时间的长短。为进一步确定和分析变量之间影响的强弱，尤其是IRU对GDPCN、IDUCN对GDPRU影响的方向及强弱，需要进一步进行脉冲响应函数分析，相关变量之间的脉冲响应如图4-1所示。

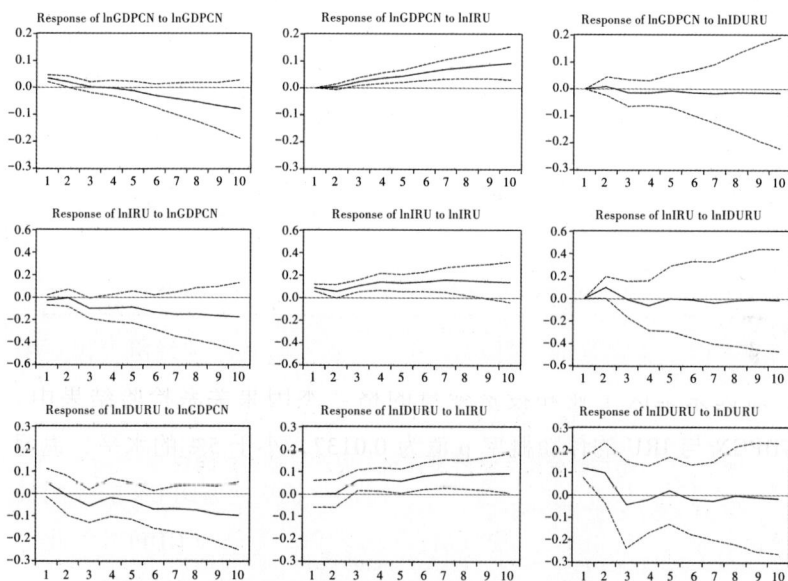

图4-1 中国东北老工业基地经济产出对俄罗斯远东地区社会固定资产投资和工业产出冲击的响应

从图4-1变量之间的脉冲响应函数图中可以看到，当GDPCN

受到 IRU 的冲击后，响应路径开始为 0 并延续到第 2 期，从第 2 期开始，GDPCN 对 IRU 的影响为正，而且随着时间的推移，这种正的影响越来越大。当 GDPCN 受到 IDURU 冲击后，响应的路径却较为微弱，甚至几乎没有变化。

从图 4-2 变量之间的脉冲响应函数图中可以看到，俄罗斯远东地区经济产出对中国东北老工业基地社会投资和工业产出的冲击响应较为微弱，说明中国东北老工业基地社会固定资产投资和工业产出的变化对俄罗斯远东地区的经济发展缺乏直接的拉动效应。

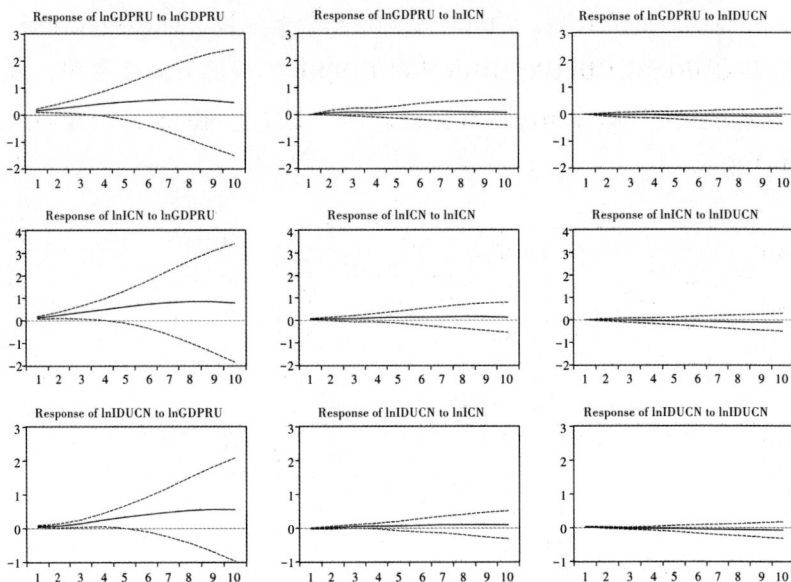

图 4-2　俄罗斯远东地区经济产出对中国东北老工业基地社会固定资产投资和工业产出冲击的响应

第五，方差分解分析。

为了进一步分析 VAR 系统中变量之间影响作用的大小及作用时间的长短，需要进行方差分解分析。我们对 GDPRU 进行方差分解，从中可以看出 ICN、IDUCN 对俄罗斯远东地区经济产出的影响强度（见表 4-6）。同样，我们对 GDPCN 进行方差分解，也可以看出 IRU、IDURU 对中国东北老工业基地经济产出的影响强度（见表 4-7）。

表4-6　俄罗斯远东地区经济产出变量 GDPRU 的方差分解

| | Variance Decomposition of lnGDPRU： | | |
Period	S.E.	lnGDPRU	lnICN	lnIDUCN
1	0.163820	100.00000	0.000000	0.000000
2	0.298849	93.84041	5.757894	0.401694
3	0.446562	92.91373	6.620192	0.466076
4	0.609721	94.52432	5.054281	0.421397
5	0.778815	95.03023	4.422249	0.547521
6	0.948628	94.84369	4.412340	0.743971
7	1.111258	94.93882	4.204488	0.856695
8	1.253534	95.16018	3.893128	0.946692
9	1.364991	95.22562	3.697469	1.076912
10	1.440597	95.21124	3.567275	1.221487

表4-7　中国东北老工业基地经济产出变量 GDPCN 的方差分解

| | Variance Decomposition of lnGDPCN： | | |
Period	S.E.	lnGDPCN	lnIRU	lnIDURU
1	0.035306	100.00000	0.000000	0.000000
2	0.042511	93.17738	1.467378	5.355238
3	0.051407	63.80179	23.955730	12.242480
4	0.065118	39.80803	46.750590	13.441390
5	0.080383	28.40013	61.979770	9.620104
6	0.104813	24.82285	67.680570	7.496587
7	0.134198	24.72449	68.974320	6.301189
8	0.164942	26.69082	68.442380	4.866793
9	0.198698	29.90390	66.227240	3.868857
10	0.233878	33.08377	63.685320	3.230914

从表 4-6 分析的结果来看，在不考虑自身贡献率的情况下，中国东北老工业基地社会固定资产投资 ICN 对俄罗斯远东地区经济产出 GDPRU 的预测误差方差的解释在第 3 期达到最大，解释率达 6.62%，总体呈先放大后逐步缩小的趋势。

从表 4-7 分析的结果来看，俄罗斯远东地区社会固定资产投资 IRU 对中国东北老工业基地经济产出 GDPCN 的预测误差方差的解释在第 7 期达到最大，解释率达 68.97%，总体呈快速放大后缓慢下降的趋势。

以上分析说明，社会固定资产投资对中俄双方经济产出的影响作用要强于双方的工业产出，中俄东部毗邻地区工业分工协作链条关系滞后，导致工业发展对中俄东部毗邻地区经济增长的影响比较弱。

第六，向量误差修正模型分析。

由于数据观察时期有限，不能分析其前两期差分对当期变化的影响，因而只能在现有数据观察时期的基础上，分析前期变化对当期变化的影响。通过对前面两组变量的 Johansen 的协整检验和分析，我们可以分别得到 GDPCN 对 IRU、IDURU 以及 GDPRU 对 ICN、IDUCN 的误差修正项和向量误差修正模型。

①中国东北老工业基地经济产出与俄罗斯远东地区投资和固定资产投资变量的误差修正项和修正模型。

通过分析，误差修正项为：

$$ECM_{cn\,to\,ru,\,t}=GDPCN-2.012114IRU+3.055801IDURU-0.240983T-12.82267$$

$$(4-6)$$

误差修正模型为：

$$
\begin{bmatrix} \Delta GDPCN_t \\ \Delta IRU_t \\ \Delta IDURU_t \end{bmatrix} = \begin{bmatrix} 0.094610 \\ 1.138804 \\ 0.780924 \end{bmatrix} + \begin{bmatrix} -0.099431 \\ -0.391757 \\ -0.473032 \end{bmatrix} ECM_{cn\,to\,ru,\,t-1} +
$$

$$
\begin{bmatrix} -0.597590 & -0.199040 & -2.866067 \\ -0.030779 & -1.602307 & -1.291952 \\ 0.485737 & 1.614047 & 1.903924 \end{bmatrix} \begin{bmatrix} \Delta GDPCN_{t-1} \\ \Delta IRU_{t-1} \\ \Delta IDURU_{t-1} \end{bmatrix} +
$$

$$
\xi_t + \cdots
$$

$$(4-7)$$

因此，可以得到基于误差修正后的短期动态趋向长期均衡的调整关系方程：

$$
\Delta GDPCN_t = 1.49314\Delta GDPCN_{t-1} + 1.24191\Delta IRU_{t-1} - 1.5812\Delta IDURU_{t-1} - 0.38712ECM_{t-1} + 0.0641T_{t-1} - 0.6633 + \xi_{t-1}
$$

$$(4-8)$$

从式（4-8）可以知道，由于式中误差修正项的系数为 -0.38712，表明这个过程是一个反向修正的过程。当时间序列变量间的均衡关系偏离长期均衡时，误差修正项会以 -0.38712 的速度进行逆向调整，使其回到均衡状态。同时，上期（t-1）中国东北老工业基地经济产出 $\Delta GDPCN_{t-1}$、俄罗斯远东地区社会固定资产投资 ΔIRU_{t-1}、俄罗斯远东地区工业增加值 $\Delta IDURU_{t-1}$ 等提高 1 个百分点，在其他条件和因素不变的情况下，分别对当期（t）中国东北老工业基地经济产出变化 $\Delta GDPCN_t$ 产生 1.49314、1.24191、-1.5812 个百分点的影响。更为重要和值得注意的是，俄罗斯远东地区扩大社会固定资产投资的变化会对中国东北老工业基地的经济产出变化产生正向影响，这与中俄东部毗邻地区的经济结构和产业互补性是吻合的。

②俄罗斯远东地区经济产出与中国东北老工业基地投资和社会固定资产投资变量的误差修正项和修正模型。

通过分析，误差修正项为：

$$
ECM_{ru\,to\,cn,\,t} = GDPRU - 46.94058ICN + 59.14873IDUCN + 1.613874T - 100.9658 \qquad (4-9)
$$

误差修正模型为：

$$
\begin{bmatrix} \Delta GDPRU_t \\ \Delta ICN_t \\ \Delta IDUCN_t \end{bmatrix} = \begin{bmatrix} 0.309609 \\ -0.035033 \\ 0.228049 \end{bmatrix} + \begin{bmatrix} -0.025263 \\ 0.010702 \\ -0.028010 \end{bmatrix} ECM_{ru\,to\,cn,\,t-1} +
$$

$$
\begin{bmatrix} 0.727361 & 0.351115 & 0.531490 \\ -0.220430 & 0.699855 & -0.717249 \\ -0.568250 & -0.170249 & 0.077875 \end{bmatrix} \begin{bmatrix} \Delta GDPRU_{t-1} \\ \Delta ICN_{t-1} \\ \Delta IDUCN_{t-1} \end{bmatrix} +
$$

$$
\xi_t + \cdots
$$

$$(4-10)$$

因此，可以得到基于误差修正后的短期动态趋向长期均衡的调整关系方程：

$$
\Delta GDPRU_t = -0.0295\Delta GDPRU_{t-1} + 0.033149\Delta ICN_{t-1} + 0.010352\Delta IDUCN_{t-1} -
$$
$$
0.001537\ ECM_{ru\,to\,cn,\,t-1} - 0.01458 + 0.000364T_{t-1} + \xi_{t-1}
$$

$$(4-11)$$

从式（4-11）可知，俄罗斯远东地区经济产出与中国东北老工业基地社会固定资产投资、工业增加值的短期动态误差修正机制也是一个反向调整的过程。当时间序列变量的均衡状态偏离长期均衡状态时，误差修正项以 -0.001537 的速度进行均衡调整，以达到长期均衡状态。同时，上期（t-1）中国东北老工业基地社会固定资产投资、工业增加值增加 1 个百分点，会使当期（t）俄罗斯远东地区经济产出产生 0.033149 和 0.010352 个百分点的变化。其中，中国东北老工业基地投资产生的变化影响较俄罗斯远东地区投资变化对中国东北老工业基地经济产出变化的影响明显小一些。

（2）对外贸易联动分析

中俄东部毗邻地区外贸联动分析，分别采用俄罗斯远东地区的进口额（IMRU）、出口额（EXRU）、进出口贸易总额（EIRU）和中国东北老工业基地的进口额（IMCN）、出口额（EXCN）、进出口贸易总额（EICN）指标，利用前述的向量自回归模型进行协整分析，分析过程如下。

第一，单位根检验。

继续采用 ADF 单位根检验法，对俄罗斯远东地区的进口额、出口额、进出口贸易总额和中国东北老工业基地的进口额、出口额、进出口贸易总额指标进行平稳性检验，检验结果如表4-8所示。

表4-8 外贸进出口变量单位根检验结果

变量	(C,T,K)	ADF值	5%临界值	1%临界值	结论
lnEXCN	(1,0,3)	-0.208158	-3.710482	-4.616209	
D(lnEXCN)	(1,1,3)	-4.140628	-3.733200	-4.667883	I(1)
lnIMCN	(1,0,3)	0.267026	-3.710482	-4.616209	
D(lnIMCN)	(1,1,3)	-2.887190	-3.733200	-4.667883	
D(D(lnIMCN))	(1,1,3)	-5.147190	-3.791172	-4.800080	I(2)
lnEICN	(1,0,3)	0.232276	-3.710482	-4.616209	
D(lnEICN)	(1,0,2)	-3.557377	-3.733200	-4.667883	
D(D(lnEICN))	(1,1,3)	-4.943618	-3.791172	-4.800080	I(2)
lnEXRU	(1,0,3)	-2.386610	-3.710480	-4.616210	
D(lnEXRU)	(1,1,3)	-4.700787	-3.759743	-4.728363	I(1)
lnIMRU	(1,0,1)	-3.644817	-3.098896	-4.004425	
D(lnIMRU)	(1,1,3)	-3.024012	-3.733200	-4.667883	
D(D(lnIMRU))	(1,1,3)	-4.591756	-3.759743	-4.728363	I(2)
lnEIRU	(1,0,3)	-0.990227	-3.710482	-4.616209	
D(lnEIRU)	(1,1,3)	-3.994898	-3.212696	-4.667883	I(1)

注：（1）括号中"CN"代表中国东北老工业基地，"RU"代表俄罗斯远东地区；（2）C、T分别代表是否带有截距项和趋势项（0表示不带有，1表示带有），K表示滞后阶数。

从表4-8中可以看出，IMRU、EXRU、EIRU、IMCN、EXCN、EICN等序列都是非平稳时间序列。值得注意的是，在对以上时间序列进行差分后，EXCN、EXRU、EIRU是一阶单整序列，IMRU、IMCN、EICN是二阶单整序列，因而应采用协整方法进行分析。

第二，协整检验。

所有序列都是非平稳的时间序列，因此符合协整检验的条件。采用 Johansen 检验方法对 EIRU、IMCN、EXCN 和 EICN、IMRU、EXRU 两组变量进行协整分析，以检验两组变量是否存在协整关系。在以非平稳时间序列为分析对象的 VEC 模型分析中，是否包含趋势项对统计特性具有重要的影响。由于中俄外贸时间序列中含有二次型趋势项和协整关系等式含有线性趋势项，因此采用协整检验的第五种假设情况。其检验结果如表 4-9 和表 4-10 所示。

表 4-9   中国东北老工业基地外贸进出口总额与俄罗斯

远东地区进口额、出口额序列的协整个数检验结果

原假设	特征根	迹统计量	5% 临界值	伴随概率**
0 个协整向量	0.636988	28.36903	29.79707	0.0724
至多 1 个协整向量	0.351239	12.15592	15.49471	0.1496
至多 2 个协整向量	0.278955	5.232859	3.841466	0.0222

注：**表示在 5% 水平下拒绝原假设。

表 4-10   俄罗斯远东地区外贸进出口总额与中国东北

老工业基地进口额、出口额序列的协整个数检验结果

原假设	特征根	迹统计量	5% 临界值	伴随概率**
0 个协整向量	0.750980	35.12289	29.79707	0.0111
至多 1 个协整向量	0.416438	12.87931	15.49471	0.1193
至多 2 个协整向量	0.233831	4.261635	3.841466	0.0390

注：**表示在 5% 水平下拒绝原假设。

从表 4-9 和表 4-10 中可知，在二次项趋势假设检验下，两组时间序列数据的迹（trace）统计量都大于 0.05 的显著水平，表明中国东北老工业基地外贸进出口总额与俄罗斯远东地区进口额、出口额之间存在协整关系，俄罗斯远东地区外贸进出口总额与中国东

北老工业基地的进口额、出口额存在协整关系，并且都至多存在 2 个协整关系。

第三，格兰杰因果关系检验。

针对以上对外贸易非平稳时间序列数据，我们采用格兰杰因果关系检验方法，对以上两组变量之间的因果关系进行检验，检验结果如表 4-11、表 4-12 所示。

表 4-11　中国东北老工业基地外贸进出口总额对俄罗斯

远东地区进口额、出口额变量的格兰杰因果关系检验结果

Null Hypothesis:	Obs	F-Statistic	Prob.
lnIMRU does not Granger Cause lnEICN	16	1.02327	0.3912
lnEICN does not Granger Cause lnIMRU		0.65484	0.5386
lnEXRU does not Granger Cause lnEICN	16	0.29622	0.7494
lnEICN does not Granger Cause lnEXRU		1.65529	0.2353
lnEXRU does not Granger Cause lnIMRU	16	0.69688	0.5188
lnIMRU does not Granger Cause lnEXRU		0.90023	0.4344

表 4-12　俄罗斯远东地区外贸进出口总额对中国东北老工业

基地进口额、出口额变量的格兰杰因果关系检验结果

Null Hypothesis:	Obs	F-Statistic	Prob.
lnIMCN does not Granger Cause lnEIRU	16	0.39562	0.6825
lnEIRU does not Granger Cause lnIMCN		0.16959	0.8462
lnEXCN does not Granger Cause lnEIRU	16	0.01966	0.9806
lnEIRU does not Granger Cause lnEXCN		1.31258	0.3082
lnEXCN does not Granger Cause lnIMCN	16	0.29175	0.7526
lnIMCN does not Granger Cause lnEXCN		0.06905	0.9337

从表 4-11、表 4-12 中的格兰杰因果关系检验结果来看，两组变量之间并不存在显著的因果关系，F 检验的伴随概率都大于 0.05 的显著水平，即中国东北老工业基地进口额、出口额序列数据变化并不是俄罗斯远东地区外贸进出口总额变化的因果关系，俄罗斯远东地区进口额、出口额序列数据变化也不是中国东北老工业基地外贸进出口总额变化的因果关系。这与前面二次项趋势假设是一致的，也是符合中俄东部毗邻地区贸易实际情况的。

第四，脉冲响应函数和方差分解分析。

通过对两组时间序列数据脉冲响应函数分析和方差分解分析，我们得到如图 4-3 和图 4-4 所示的结果。

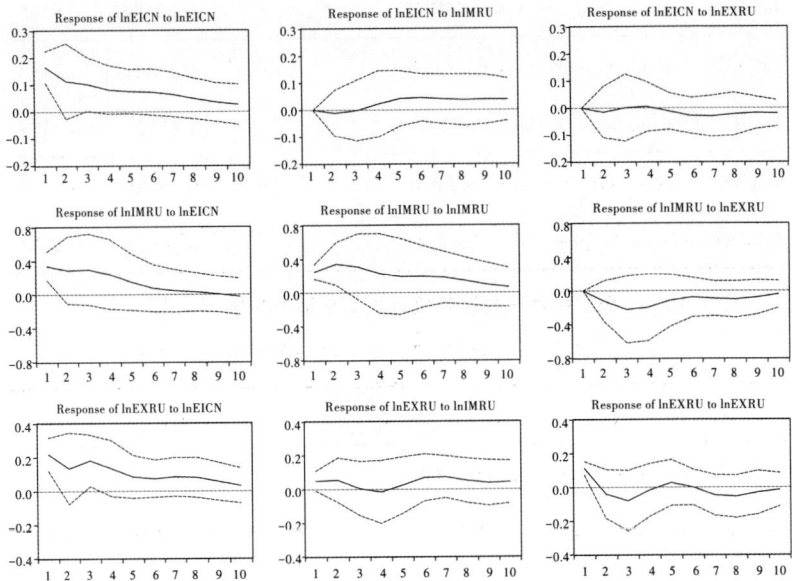

图 4-3　中国东北老工业基地外贸进出口总额变化
对俄罗斯远东地区进口额、出口额变化的响应

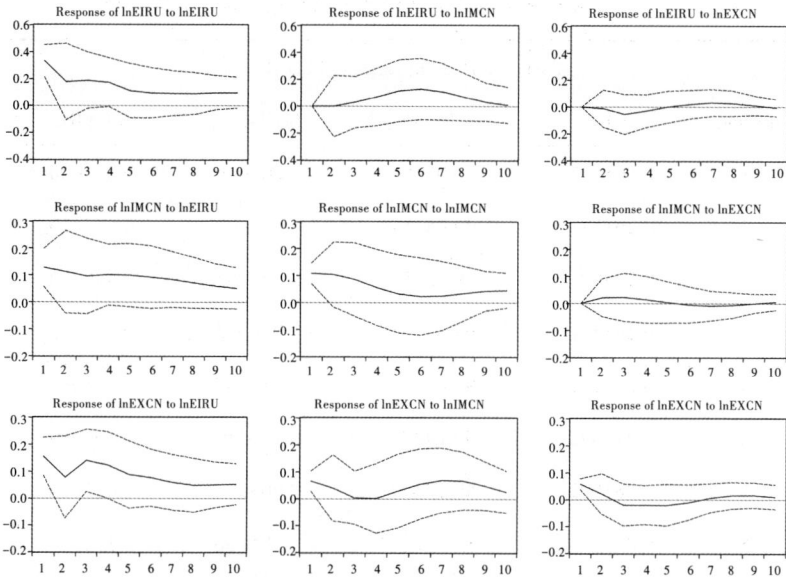

图 4-4　俄罗斯远东地区外贸进出口总额变化对中国

东北老工业基地进口额、出口额变化的响应

　　从图 4-3 和图 4-4 中可知，中国东北老工业基地外贸进出口总额对俄罗斯远东地区出口额的响应，由第 1 期上升到顶峰，后面各期逐渐回落。很有意思的是，俄罗斯远东地区外贸进出口总额对中国东北老工业基地进口额的响应，第 1 期很高，以后开始回落，趋向平稳；俄罗斯远东地区外贸进出口总额对中国东北老工业基地出口额的响应，则呈现波浪式回落特征。

　　从表 4-13 和表 4-14 的方差分析中可以看到，方差分解的结果与脉冲响应函数分析的结果是一致的。也就是说，在中国东北老工业基地外贸进出口总额变量的方差分解中，俄罗斯远东地区的进口额和出口额对其贡献较小。值得关注的是，在俄罗斯远东地区外贸进出口总额变量的方差分解中，中国东北老工业基地的进口额对其方差的变化贡献却稍大，说明中国东北老工业基地进口额对俄罗斯远东地区外贸进出口总额具有重要的影响，但这种影响还不充分、不显著，有待进一步提高和增强。

表 4-13　　中国东北老工业基地外贸进出口总额变量的方差分解

Variance Decomposition of lnEICN：

Period	S.E.	lnEICN	lnIMRU	lnEXRU
1	0.165432	100.00000	0.000000	0.000000
2	0.201348	99.05381	0.330907	0.615279
3	0.225878	99.23655	0.273191	0.490255
4	0.241271	98.42755	1.094035	0.478419
5	0.256502	95.69354	3.688382	0.618081
6	0.272020	92.24428	6.100861	1.654864
7	0.283902	89.72477	7.608807	2.666420
8	0.291336	87.98255	8.885180	3.132273
9	0.296546	86.30226	10.300880	3.396862
10	0.300879	84.60708	11.654130	3.738788

表 4-14　　俄罗斯远东地区外贸进出口总额变量的方差分解

Variance Decomposition of lnEIRU：

Period	S.E.	lnEIRU	lnIMCN	lnEXCN
1	0.334137	100.00000	0.000000	0.000000
2	0.378644	99.90272	0.000414	0.096862
3	0.427422	97.78448	0.522943	1.692572
4	0.467906	95.43895	2.723243	1.837809
5	0.495059	90.39744	7.960675	1.641886
6	0.520913	85.04980	13.326360	1.623843
7	0.540748	81.85430	16.293370	1.852335
8	0.553319	80.87275	17.119040	2.008208
9	0.562710	81.15758	16.864890	1.977524
10	0.571183	81.67475	16.397350	1.927909

第五，向量误差修正模型分析。

通过 Johansen 协整检验和分析，分别得到 EICN 对 IMRU、EXRU 和 EIRU 对 IMCN、EXCN 的误差修正项和向量误差修正模型（见式（4-12）和式（4-13）。由于俄罗斯远东地区进口额、出口额时间序列变量与中国东北老工业基地外贸进出口总额时间序列变量协整关系系数以及误差修正模型协整关系系数不显著，而中国东北老工业基地进口额、出口额变量与俄罗斯远东地区外贸进出口总额协整关系显著，因而我们只能得到俄罗斯远东地区外贸进出口总额与中国东北老工业基地进口额、出口额变量的误差修正模型及长期均衡协整关系式（见式（4-14）。

通过分析，误差修正项为：

$$\text{ECM}_{\text{cn to ru}, t} = \text{EIRU} + 1.292575\text{IMCN} - 2.389144\text{EXCN} - 0.095010T - 3.012044 \quad (4-12)$$

误差修正模型为：

$$\begin{bmatrix} \Delta\text{EIRU}_t \\ \Delta\text{IMCN}_t \\ \Delta\text{EXCN}_t \end{bmatrix} = \begin{bmatrix} 1.085364 \\ 0.400616 \\ 0.568788 \end{bmatrix} + \begin{bmatrix} 1.296453 \\ -0.030164 \\ 1.044367 \end{bmatrix} \text{ECM}_{\text{cn to ru}, t-1} +$$

$$\begin{bmatrix} -1.163200 & -0.210924 & -0.957466 \\ -0.197194 & -0.094854 & -0.248109 \\ 0.545545 & 0.205040 & 0.898808 \end{bmatrix} \begin{bmatrix} \Delta\text{EIRU}_{t-1} \\ \Delta\text{IMCN}_{t-1} \\ \Delta\text{EXCN}_{t-1} \end{bmatrix} + \quad (4-13)$$

$$\begin{bmatrix} -0.045147 \\ -0.017865 \\ -0.023245 \end{bmatrix} \begin{bmatrix} T_{\text{EIRU}, t-1} \\ T_{\text{IMCN}, t-1} \\ T_{\text{EXCN}, t-1} \end{bmatrix} + \xi_t$$

因此，可以得到基于误差修正后的短期动态趋向长期均衡的调整关系方程：

$$\Delta\text{EIRU}_t = -2.501618\Delta\text{EIRU}_{t-1} - 0.511908\Delta\text{IMCN}_{t-1} + 1.639774\Delta\text{EXCN}_{t-1} -$$
$$2.772403\text{ECM}_{\text{cn to ru}, t-1} - 0.0822T_{t-1} + 1.989063 + \xi_{t-1}$$

$$(4-14)$$

同样，误差修正项 ECM 的调节系数为-2.772403，表明误差修正机制也是一个修正的过程，且当误差增加 1 个百分点时修正机制以-2.772403 个百分点进行反向修正，以实现长期均衡。同时，值得注意的是，在其他条件不变的情况下，若中国东北老工业基地出口额增加 1 个百分点，则会使俄罗斯远东地区的外贸进出口总额增加 1.639774 个百分点，具有明显的正向贸易联动效应。

（3）工业化进程联动分析

中俄东部毗邻地区工业化进程联动分析，分别采用俄罗斯远东地区的地区生产总值、工业化率（RATERU）和中国东北老工业基地的地区生产总值、工业化率（RATECN）指标，利用前述的向量自回归模型进行协整分析，分析过程如下：

第一，单位根检验。

采用 ADF 单位根检验法，分别对俄罗斯远东地区的地区生产总值、工业化率和中国东北老工业基地的地区生产总值、工业化率指标进行平稳性检验，检验结果如表 4–15 所示。

表 4–15　　　　　　　　变量单位根检验结果

变　量	(C,T,K)	ADF值	5%临界值	1%临界值	结论
lnGDPCN	(1,0,3)	-2.872108	-3.098896	-4.004425	
D(lnGDPCN)	(1,0,3)	-1.596701	-3.065585	-3.920350	
D(D(lnGDPCN))	(1,0,3)	-4.501258	-3.081002	-3.959148	I(2)
lnRATECN	(1,0,1)	0.010908	-3.710482	-4.616209	
D(lnRATECN)	(1,0,4)	-1.112774	-3.759743	-4.728363	
D(D(lnRATECN))	(1,1,3)	-3.881616	-3.791172	-4.800080	I(2)
lnGDPRU	(1,0,1)	-0.569410	-3.710482	-4.616209	
D(lnGDPRU)	(1,0,1)	-3.125664	-3.733200	-4.667883	
D(D(lnGDPRU))	(1,1,3)	-5.134468	-3.791172	-4.800080	I(2)
lnRATERU	(1,0,4)	-3.850545	-3.710482	-4.616209	I(0)

注：（1）括号中"CN"代表中国东北老工业基地，"RU"代表俄罗斯远东地区；（2）C、T 分别代表是否带有截距项和趋势项（0 表示不带有，1 表示带有），K 表示滞后阶数。

从表 4-15 可知，除 RATERU 外，其余 GDPRU、GDPCN、RATECN 等序列都是非平稳时间序列，且都是二阶单整序列，因而符合协整分析的条件。

第二，协整检验。

同样采用 Johansen 检验方法对 RATECN、GDPRU 和 RATERU、GDPCN 两组变量进行协整分析。由于 RATECN 变量是平稳序列，而 GDPRU 是二阶单整序列，因此在没有趋势和截距假设条件下适当延长滞后期来提高协整检验的有效性。具体检验结果如表 4-16 和表 4-17 所示。

表 4-16　　　中国东北老工业基地工业化率与俄罗斯
远东地区经济产出协整检验的迹统计量结果

原假设	特征根	迹统计量	5%临界值	伴随概率**
0个协整向量	0.846024	34.63891	12.320900	0.0000
至多1个协整向量	0.547772	10.31641	4.129906	0.0016

注：**表示在5%水平下拒绝原假设。

表 4-17　　　俄罗斯远东地区工业化率与中国东北老工业
基地经济产出协整检验的迹统计量结果

原假设	特征根	迹统计量	5%临界值	伴随概率**
0个协整向量	0.572535	17.310890	15.494710	0.0264
至多1个协整向量	0.262269	4.562638	3.841466	0.0327

注：**表示在5%水平下拒绝原假设。

从表 4-16 和表 4-17 可知，在协整检验下，两组时间序列数据迹统计量的伴随概率都小于 0.05 的显著水平，表明中国东北老工业基地工业化率与俄罗斯远东地区经济产出、俄罗斯远东地区工业化率与中国东北老工业基地经济产出两组指标存在协整关系，并且都至多存在 1 个协整关系。

第三，格兰杰因果关系检验。

针对工业化率、经济产出等非平稳时间序列数据，我们采用格兰杰因果关系检验方法，对以上两组变量之间的因果关系进行了检验，变量之间的检验结果如表 4-18 和表 4-19 所示。

表 4-18　　　中国东北老工业基地工业化率对俄罗斯
远东地区经济产出的格兰杰因果关系检验结果

Null Hypothesis：	Obs	F-Statistic	Prob.
lnGDPRU does not Granger Cause lnRATECN	14	0.62441	0.6656
lnRATECN does not Granger Cause lnGDPRU		4.55514	0.0484

表 4-19　　　　俄罗斯远东地区工业化率对中国东北
老工业基地经济产出的格兰杰因果关系检验结果

Null Hypothesis：	Obs	F-Statistic	Prob.
lnGDPCN does not Granger Cause lnRATERU	15	2.71215	0.1152
lnRATERU does not Granger Cause lnGDPCN		8.86911	0.0063

从表 4-18 和表 4-19 中可以看到，在中国东北老工业基地工业化率对俄罗斯远东地区经济产出的格兰杰因果关系检验中，GDPRU 对 RATECN 因果关系检验的伴随概率显著低于 0.05 的显著水平，表明 GDPRU 对 RATECN 的变动具有显著的影响作用，是影响 RATECN 变动的原因。在俄罗斯远东地区工业化率对中国东北老工业基地经济产出的格兰杰因果关系检验中，GDPCN 对 RATERU 的变动具有显著的互动影响作用，双方互为变动的原因。

第四，脉冲响应函数和方差分解分析。

通过对两组时间序列数据脉冲响应函数分析和方差分解分析，我们得到图 4-5、图 4-6、表 4-20、表 4-21。

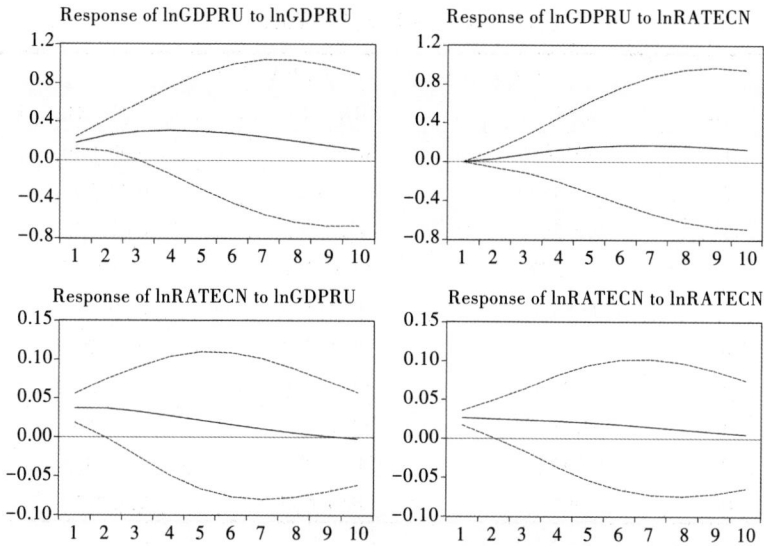

图 4-5　俄罗斯远东地区经济产出变化对中国东北

老工业基地工业化率变化的响应

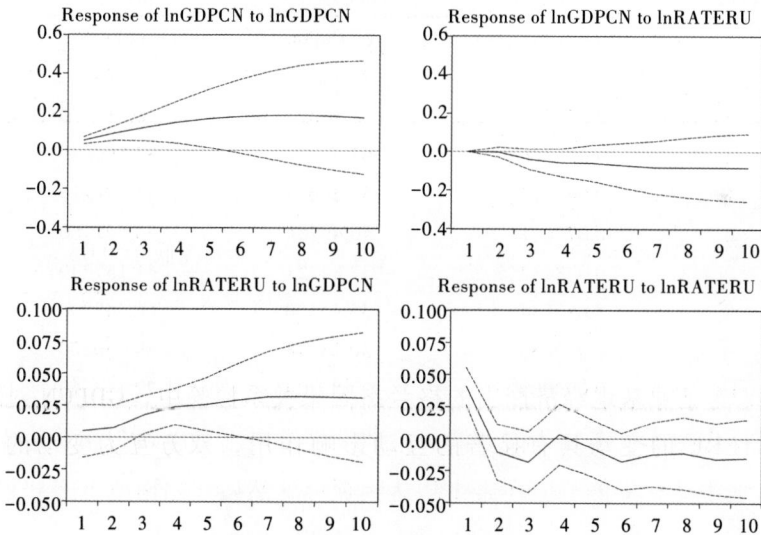

图 4-6　中国东北老工业基地经济产出变化对俄罗斯

远东地区工业化率变化的响应

表 4-20　　中国东北老工业基地工业化率变量的方差分解

Variance Decomposition of lnRATECN：			
Period	S.E.	lnRATECN	lnGDPRU
1	0.045676	100.00000	0.000000
2	0.063890	99.96721	0.032793
3	0.075671	99.97605	0.023952
4	0.083571	99.91719	0.082807
5	0.088707	99.74430	0.255697
6	0.091835	99.46578	0.534220
7	0.093564	99.11579	0.884214
8	0.094404	98.73850	1.261505
9	0.094759	98.37815	1.621855
10	0.094917	98.07062	1.929377

表 4-21　　俄罗斯远东地区工业化率变量的方差分解

Variance Decomposition of lnRATERU：			
Period	S.E.	lnRATERU	lnGDPCN
1	0.041297	100.00000	0.000000
2	0.043255	96.22152	3.778482
3	0.050229	81.76897	18.231030
4	0.055776	67.43958	32.560420
5	0.061812	55.26629	44.733710
6	0.070601	46.49754	53.502460
7	0.078432	38.84221	61.157790
8	0.085534	33.45120	66.548800
9	0.092650	30.23918	69.760820
10	0.099004	27.85734	72.142660

　　从图 4-5 可知，俄罗斯远东地区经济产出对中国东北老工业基地工业化率的响应在第 1 期达到顶峰，然后开始逐渐下降并趋于零。

　　从图 4-6 中可以看到，中国东北老工业基地经济产出变化对俄罗斯远东地区工业化率变化的响应在第 1 至第 2 期时较为平稳，没有变化，但从第 3 期开始就呈大幅下降并逐渐扩大的变化趋势。

从表 4-20 和表 4-21 中可知，方差分解的结果与上面的脉冲响应函数分析的结果也是基本一致的。也就是说，俄罗斯远东地区经济产出变化对中国东北老工业基地工业化进程产生正响应，但响应程度较小，因而在方差分解中贡献较小；与之相反的是，中国东北老工业基地经济产出对俄罗斯远东地区工业化进程产生积极的响应，因而在方差分解中贡献较大，在第 10 期贡献率达到 72.14%。

第五，向量误差修正模型分析。

通过对前面两组协整变量的 Johansen 的协整检验和分析，我们可以分别得到 RATECN 和 GDPRU 对 RATERU 和 GDPCN 的误差修正项和向量误差修正模型。

①中国东北老工业基地工业化率与俄罗斯远东地区经济产出变量的误差修正项和误差修正模型。

通过分析，误差修正项为：

$$ECM_{\text{cn to ru, }t} = RATECN - 0.271039GDPRU + 0.038554T - 2.533332 \quad (4-15)$$

误差修正模型为：

$$\begin{bmatrix} \Delta RATECN_t \\ \Delta GDPRU_t \end{bmatrix} = \begin{bmatrix} -0.002932 \\ -0.025809 \end{bmatrix} + \begin{bmatrix} -1.071266 \\ -2.251853 \end{bmatrix} ECM_{\text{cn to ru, }t-1} +$$
$$\begin{bmatrix} -0.038591 & 0.902614 \\ -0.053199 & -0.157182 \end{bmatrix} \begin{bmatrix} \Delta RATECN_{t-1} \\ \Delta GDPRU_{t-1} \end{bmatrix} + \quad (4-16)$$
$$\begin{bmatrix} -0.002932 \\ -0.025809 \end{bmatrix} \begin{bmatrix} T_{RATECN, t-1} \\ T_{GDPRU, t-1} \end{bmatrix} + \xi_t$$

所以其长期均衡协整关系式为：

$$\Delta RATECN_t = -1.99121\Delta RATECN_{t-1} + 0.410941\Delta GDPRU_{t-1} -$$
$$6.218453ECM_{\text{cn to ru, }t-1} + 0.061259T_{t-1} - 0.95169 + \xi_{t-1} \quad (4-17)$$

从式（4-17）可知，误差修正项 ECM 的调节系数是 -6.218453，说明误差修正机制是一个反向修正过程，当变量偏离长期均衡状态时，误差修正项以 -6.218453 的速度进行反向调整，以达到新的长期均衡状态。值得注意的是，扣除掉时间趋势项的变化影响后，在其他变量不变的情况下，当俄罗斯远东地区经济产出提高 1 个百分点时，中国东北老工业基地工业化率则相应提高 0.410941 个百分点，这也说明俄罗斯远东地区经济产出对中国东北老工业基地工业化进程的推进具有正向积极作用。

②俄罗斯远东地区工业化率与中国东北老工业基地经济产出变量的误差修正项和修正模型。

通过分析，误差修正项为：

$$ECM_{ru\ to\ cn,\ t} = RATERU - 0.244518GDPCN + 0.012492\ T - 1.554765 \qquad (4-18)$$

误差修正模型为：

$$
\begin{bmatrix} \Delta RATERU_t \\ \Delta GDPCN_t \end{bmatrix} = \begin{bmatrix} 0.039423 \\ 0.038394 \end{bmatrix} + \begin{bmatrix} -1.457098 \\ 0.836894 \end{bmatrix} ECM_{ru\ to\ cn,\ t-1} +
$$
$$
\begin{bmatrix} 0.216155 & -0.446696 \\ -0.000216 & 1.187479 \end{bmatrix} \begin{bmatrix} \Delta RATERU_{t-1} \\ \Delta GDPCN_{t-1} \end{bmatrix} +
$$
$$
\begin{bmatrix} 0.000565 \\ -0.006095 \end{bmatrix} \begin{bmatrix} T_{RATERU,\ t-1} \\ T_{GDPCN,\ t-1} \end{bmatrix} + \xi_t \qquad (4-19)
$$

所以其长期均衡协整关系式为：

$$
\Delta RATERU_t = -0.6888\Delta RATERU_{t-1} + 0.99411\Delta GDPCN_{t-1} - \\
0.00592T_{t-1} - 2.82353ECM_{ru\ to\ cn,\ t-1} - 0.02531 + \xi_{t-1} \qquad (4-20)
$$

从式（4-20）可知，误差修正项的系数为-2.82353，说明修正机制也是一个逆向回调的过程。当误差增加 1 个百分点时，修正机制以 2.82353 的速度反向大幅调整到均衡状态。同时，分析结果也显示，中国东北老工业基地经济发展对俄罗斯远东地区工业化进程具有十分显著的促进作用。在其他条件不变的情况下，中国东北老工业基地经济发展提高 1 个百分点，俄罗斯远东地区工业化率则提高 0.99411 个百分点，接近 1 个百分点的程度。

4.2.4 结 论

通过中俄东部毗邻地区经济增长、双边贸易、工业化进程三个方面的双向实证分析，发现以下几个方面的特征：

（1）工业产出对双边经济产出影响存在较大差异

俄罗斯远东地区工业生产变化对中国东北老工业基地经济产出的影响十分微弱甚至为负。相反，长期均衡协整系数显示中国东北老工业基地工业生产的变化对俄罗斯远东地区经济发展的影响为正面积极影响。尽管影响相对微弱，但充分说明中国东北老工业基地和俄罗斯远东地区工业发展结构存在一定的差异性和层次性，且中国东北老工业基地正逐步发挥辐射带动的主导性作用。

（2）社会固定资产投资对双边经济增长变化的影响较为突出

俄罗斯远东地区社会固定资产投资增加 1 个百分点能对中国东北老工业基地经济增长产生 1.24191 个百分点的正面积极影响，而中国东北老工业基地投资变化仅给俄罗斯远东地区经济产出产生 0.033149 个百分点的影响。这充分说明双边投资发展存在较大的互补性和差异性。中国东北老工业基地投资需要俄罗斯远东地区的木材等部分建材，而俄罗斯远东地区投资建设则需要从中国东北老工业基地采购钢材、水泥、涂料、电器设备等更多、更现代化的投资建材，可见中国东北老工业基地社会固定资产投资变化带来的投资拉动效应要明显得多，作用要大得多。

（3）双边贸易联动效应具有明显的不均衡性

在中国东北老工业基地外贸进出口总额中，对俄罗斯进出口总额所占比重较低，影响作用不显著。相反，在俄罗斯远东地区外贸进出口总额中，对中国的进出口总额占有较大比重，对俄罗斯外贸影响显著。这说明中俄毗邻地区外贸联动存在显著的不均衡性和不协调性，经济互补性没有得到充分发挥，有待进一步提升双边毗邻地区的外贸依存度。

（4）毗邻地区工业化进程联动效应十分显著

俄罗斯远东地区经济增长变化 1 个百分点对中国东北老工业基地工业化进程产生 0.410941 个百分点的正面影响，中国东北老工业基地经济增长变化对俄罗斯远东地区产生 0.99411 个百分点的显著影响，双边联动发展效应较为显著。这说明过去一段时间，中俄东部毗邻地区经济发展对双边工业化进程发挥了不可忽视的重要推动作用，且随着俄罗斯远东地区开发的深入和中国振兴东北老工业基地战略的深入实施，以及东北老工业基地产业结构调整优化，必将继续推动双边毗邻地区工业化水平提档升级和城镇化进程的稳步推进。

本章小结

通过本章对中国东北老工业基地与俄罗斯远东地区的定性分析与定量分析，证实中国东北老工业基地振兴与俄罗斯远东开发存在联动效应，且双方联动对俄罗斯远东地区的影响更为突出。因此，俄罗斯远东地区应积极抓住中国东北老工业基地全面振兴的大好时机，获得更多的投资支持，开展更为积极务实的经贸合作，从而更为有效地推动俄罗斯远东开发的进程。而中国东北老工业基地的全面振兴同样离不开俄罗斯因素，尤其是俄罗斯远东开发战略为双方提供了更大的联动空间，加大对俄罗斯远东地区的投资开发，缩小两个区域工业化发展进程的差异和贸易的不均衡性，实现区域经济一体化发展，才能对中国东北老工业基地产生更大的联动效应。

第5章 中国东北老工业基地振兴与俄罗斯远东开发联动对策建议

5.1 联通基础设施

中国已连续多年成为俄罗斯远东地区对外经济合作的第一合作伙伴，俄罗斯远东地区对中国边境地区经济已形成较高的依存度。实现区域经济联动是中俄双方共同应对当前世界经济形势挑战的有效途径。早在2005年，俄罗斯政府就批准设立了2个工业生产型经济特区、4个技术推广型经济特区和7个旅游休闲型经济特区。俄罗斯远东开发战略的实施，不仅增加了经济特区的数量，而且优惠政策也落到了实处。例如，在经济特区内企业免征5年财产税和土地税，土地使用税和货物进出口关税都有所降低，对过境手续也进行了简化等。俄罗斯政府对于将中国资金引进远东经济特区加工工业很感兴趣，高速公路、桥梁、港口等大型基础设施建设将成为中国东北地区和俄罗斯远东地区投资合作的重要方面。

俄罗斯在交通运输设施方面并不很发达，特别是俄罗斯东部地区较为落后。早在 2006 年 3 月 22 日，普京在中俄经济论坛上谈到加强两国区域合作问题时就指出："地区合作成功的一个重要条件就是发展地区的基础设施，包括建立边境贸易综合体、过境站和过桥通道。我们希望，无论是俄罗斯的还是中国的企业家应把现钱投出来建设基础设施。"2015 年 4 月 30 日俄媒报道：中俄财团中标莫斯科—喀山高铁线路（全长 770 千米），同年 6 月 18 日中俄就该项目的设计签署了合同，并于 2016 年签署关于建设莫斯科—北京高铁线路的政府间协定。

2014 年 3 月 28 日由国务院授权，国家发展改革委、外交部、商务部联合发布《推动共建丝绸之路经济带和 21 世纪海上丝绸之路的愿景与行动》，以"政策沟通、设施联通、贸易畅通、资金融通、民心相通"为合作重点，促进经济要素有序自由流动、资源高效配置和市场深度融合，推动沿线各国实现经济政策协调，开展更大范围、更高水平、更深层次的区域合作，共同打造开放、包容、均衡、普惠的区域经济合作架构。其中"设施联通"合作领域包括加强沿线国家基础设施建设规划和技术标准体系的对接，共同推进国际骨干通道建设，逐步形成连接亚洲各次区域以及亚欧非之间的基础设施网络，强化基础设施绿色低碳化等一系列措施。基础设施对经济增长至关重要，基础设施建设可以提高生产率，增加全社会成员享有教育、卫生和就业的机会，强化人力资本，促进劳动力从低劳动生产率部门向高劳动生产率部门转移，从而促进内生性经济增长。"①推动铁路、公路、水路、空路、管路、信息高速路"六路"互联互通，建设若干海上支点港口。陆上依托国际大通道，共

---

① 新华社. 重振世界经济的国际合作举措［N］. 湖北日报，2016-08-18（6）.

同打造若干国际经济合作走廊；海上依托重点港口城市，共同打造通畅、安全、高效的运输大通道。[①]

5.1.1 推进国际骨干通道建设

基础设施互联互通是中国东北地区与俄罗斯远东地区合作的优先领域。但由于对基础设施建设战略互信不足、协调难度大、地缘政治复杂、隐性风险众多以及国内质疑重重等原因，当前中俄基础设施互联互通的状况不容乐观，所以建立互信沟通机制、协同沿线各方利益与标准、营造安全环境与信誉约束机制、克服制度与法律障碍以及处理政府与民间关系等方面显得尤为重要。同时，两国应进一步加强基础设施建设规划、技术标准体系的对接，强化基础设施绿色低碳化建设和运营管理，共同推进国际骨干通道建设，逐步形成连接中俄基础设施的空间立体网络。

加强交通运输设施的建设是一项十分迫切的任务，但俄罗斯在资金与技术等方面都需要借助外力，加强与外国的合作。因此，中国在这一领域必将成为重要的合作伙伴。我国与周边国家贸易具有很强的边界屏蔽效应，并且出口贸易的边界效应远高于进口贸易的边界效应。基础设施互联互通能够明显降低边界的屏蔽效应。其中航空基础设施对边界效应的削减幅度最大，铁路基础设施和通信基础设施对边界效应的削减幅度较小。中国与周边国家的自然地理边界地形复杂多样，周边国家对公路和铁路基础设施投资能力弱，中国援助周边国家建设公路和铁路基础设施的能力有限。因此，我国可率先推进与周边国家的航空基础设施互联互通，以促进"一带一路"倡议的实施。[②]

---

① 叶卫平."一带一路"与建设国际经济新秩序[J].贵州社会科学，2015（11）：113-116.
② 梁双陆，张梅.基础设施互联互通对我国与周边国家贸易边界效应的影响[J].亚太经济，2016（1）：101-106.

（1）交通运输通道

在中国东北地区与俄罗斯远东地区合作中交通运输通道建设可以说是承载着双方经贸合作、人文合作互联互通的重要使命。抓住交通基础设施的关键通道、关键节点和重点工程，优先打通缺失路段，畅通瓶颈路段，配套完善道路安全防护设施和交通管理设施设备，提升道路通达水平。

第一，在制定交通运输通道建设规划的过程中，应充分考虑优化网络布局和结构，提高基础设施的联通性和运输服务保障水平，抓住交通基础设施的关键通道，逐步形成内畅外联的国际运输大通道。推进铁路、公路、水运、航空等基础设施在建项目和新建项目建设。大力推动交通运输企业"走出去"，带动相关产业转型升级。从过去广泛参与境外铁路、公路、桥梁、港口、机场等基础设施的设计、咨询、建设和运营向资本输出、标准输出、技术输出、管理输出转变，进而带动交通运输行业设备、技术、标准和服务"走出去"。

第二，为落实"一带一路"倡议，中国海关总署和中国铁路总公司签署合作备忘录，在国际铁路运输通关、换装、多式联运等方面进行有机衔接，创新运输组织和监管模式，逐步形成兼容规范的铁路运输规则，共同优化中俄集装箱班列的监管和服务，促进国际铁路运输便利化，加速推进欧亚大陆桥中俄段建设工程。

（2）能源通道

中俄边境地区地理相连、市场广阔，开展区域合作的潜力大。俄罗斯超前发展区的建立使中国扩大对俄罗斯投资迎来新机遇。俄罗斯方面为了保障滨海边疆区经济的发展，宣布在滨海边疆区将大力发展动力基础设施和石油及天然气运输基础设施建设，加大对东北亚地区国家的能源出口。

第一，全面参与俄罗斯电力、天然气、石油通道建设。俄罗斯将在联邦计划框架内在滨海边疆区南部修建 500 千伏输电线路，以利于电力出口；在建立天然气统一开采和统一运输系统框架内建设天然气输送管道，实施滨海边疆区天然气供给计划和天然气出口计划。为实现上述目标，最重要的举措是建设具有年输送能力8 000万吨的东西伯利亚—太平洋俄罗斯石油管道系统。此外，滨海边疆区还计划综合发展工程基础设施，首要的是在符拉迪沃斯托克市建设净化设施。该建设工程的实施除联邦拨款外，还必须吸引其他投资。普京认为，推动俄罗斯积极参与到中国振兴东北老工业基地的进程中来，能够找到推进双边经贸合作的新突破点。俄罗斯科学院院士库列绍夫提出了著名的"两个有赖于"的论断：俄罗斯的经济发展和振兴有赖于西伯利亚地区经济的发展和振兴；西伯利亚地区经济的发展和振兴有赖于邻国中国的经济发展。由此可见，俄罗斯已充分意识到中国因素在远东开发中的重要性。对此，中国东北地区应把振兴战略与俄罗斯远东开发战略进一步相互融合，积极参与俄罗斯远东及西伯利亚的电力、天然气、石油通道建设中，共同维护输油、输气管道等运输通道安全，推进跨境电力与输电通道建设，积极开展区域电网升级改造；如果能够顺利对接，必将为各自国内区域经济发展带来极大的拉动力量。然而，鉴于现实条件，中国东北老工业基地振兴与俄罗斯远东开发两大战略的跨国对接并不会一帆风顺，也不可能一蹴而就，而是需要中俄双方积极破除阻碍力量，加强磋商协调，务实推进项目的实施。

第二，跟踪老项目，推进新项目。中俄在能源领域的合作已有相当的基础，经过双方努力，能源合作已经取得不小成绩。2014年中国从俄罗斯进口石油3 310.82万吨（占中国进口石油总量的10.7%），而且在这个供应量基础上还将逐步增加。2015年5月，俄罗斯向中国出口石油量超过沙特阿拉伯，跃居中国头号石油供应国，并且在电力、煤与核能方面都有合作。2014年5月21日，中国石油天然气集团公司和俄罗斯天然气公司在上海签署了《中俄东线供气购销合同》，根据双方商定，从2018年起，俄罗斯开始通过中俄天然气管道东线向中国供气，输气量逐年增加，最终达到每年380 亿立方米，累计 30 年。可以说，该项合同签署将是中俄能源合作领域具有里程碑意义的突破。2014 年普京访华，中俄双方都明确提出，要建立全面的能源合作伙伴关系。西线向中国供气的合作项目在紧锣密鼓地向前推进，2019 年基本上可以实现通气。

第三，整合优势力量，开辟新能源通道。中国东北地区要抓住核电等重大项目的建设契机，促进地区振兴。在开展重大项目建设的力量组织上，中国既要依靠东北地区的自身力量，又要根据需要，联合国内外优势力量共同实施。俄罗斯在核电等方面有先进的技术、强烈的合作意愿和可靠的合作实力，中国东北地区在启动大项目时应充分考虑与俄罗斯核电领域合作的可能性；同时，应鼓励支持东北地区有实力的企业紧紧抓住俄罗斯远东地区加快建设发展的机遇，推进大项目合作。俄罗斯逐渐由原料经济向以技术创新为主的加工制造业发展，这是俄罗斯近些年特别是全球金融危机爆发后提出的战略目标。在第七届贝加尔国际经济论坛上，俄罗斯专家提出，今后俄罗斯不再是能源供给者，而应是工业产业的重要链条之一。所以，中俄要实现中国东北老工业基地振兴与俄罗斯远东开发联动，实现区域绿色创新，有必要在对俄罗斯经贸开发区建立起基于产业集群的循环经济产业链。2014 年 11 月中石油入股俄罗斯北方万科尔油田，获得 10% 股权，开启中俄能源合作新模式。万科尔油田是俄罗斯近几十年来发现的最大油田，总面积达 447 平方千米，日产原油 40 多万桶；开采的原油可以通过东西伯利亚—太平洋石油管道的分支中俄原油管道直接输往中国东北地区。

5.1.2　加强口岸建设

以促进互联互通为目标，主要包括统筹口岸发展布局、创新口岸管理模式、推进国际物流大通道建设、促进海上运输通道建设、推动口岸管理相关部门信息互换、监管互认、执法互助。

（1）加强口岸基础设施建设

在支持口岸建设方面，着力发挥口岸作为物流通道互联互通的关键节点作用，推动口岸基础设施建设，加快建设中俄重要开放门户和跨境通道，注重口岸基础设施、资源配置与口岸管理模式创新相结合，与口岸规格定位、服务功能、通关查验模式相匹配，提高口岸的综合效能，适应口岸发展实际需求。在促进海陆通道建设方面，畅通陆海交通主干线，打造陆海统筹、国内外互联互通的新格局，发挥中国东北地区对俄罗斯口岸群的整体效应及国内沿海发达地区支持助推效应。

（2）加强口岸运行机制建设

完善海关的协作机制，加强管理部门合作和区域执法合作，建立海关多式联运监管体系，支持在重要物流节点设立海关多式联运监管中心，实现多式联运一次申报、指运地（出境地）一次查验，对换装地不改变施封状态的予以直接放行，允许企业开展换装、分包、拆拼等增值服务。这一措施将有力促进江海、铁海、陆航等各种运输方式自由换装、各种货物类型自由集散的综合服务枢纽形成。此外，海关还将支持重要海上战略支点城市开展中转集拼业务，完善过境货物海关监管模式，拓展利用境外港口开展内贸货物跨境运输业务，支持扩大内外贸同船运输、国轮捎带运输适用范围，支持增加邮轮旅游航线，拓展国际航空航线国内段业务，完善管道运输进口能源监管机制，通过上述措施促进基础设施全方位互联互通。

在加快推动口岸"三互"（信息互换、监管互认、执法互助）方面，主要措施包括积极推进国际贸易"单一窗口"建设，全面推进"一站式作业"，整合监管设施资源，创新口岸开放和通关管理模式，使电子口岸建设成为共同的口岸管理共享平台，按一次受理和一口对外的科学模式提供公共服务，让企业减少同类数据项的重复录入和来回奔波。

推行"联合查验、一次放行"等通关新模式，对口岸管理相关部门都需要查验的运输工具、货物，实施联合登临检查、联合查验，在旅检、邮递和快件监管等环节全面推行关检"一机两屏"等措施。对口岸监管场地、设施设备等，按集约共享、统一规范等原则进行整合。有效节约监管资源，减少重复作业，提升通关效率，促进跨境骨干通道货畅其流。此外，将启动丝绸之路经济带和东北地区海关区域通关一体化改革，将区域通关一体化改革覆盖到全国海关。①

（3）加强口岸合作模式创新

打造一批促进互联互通合作项目典范。积极推进并总结中俄边境口岸监管结果互认、中哈农产品快速通关"绿色通道"。加强与境内外铁路、邮政、口岸相关部门的合作，建立中欧通道铁路运输、口岸通关协调机制，促进国际通关、换装、多式联运有机衔接，畅通国际运输通道，打造"中欧班列"品牌。

2010 年 10 月，辽宁省、吉林省、黑龙江省、内蒙古自治区出入境检验检疫局在沈阳市签署了《关于加强区域合作　促进通关便利化合作备忘录》。该合作备忘录的签署意味着符合条件的进出口货物在中国东北地区将实现直通放行。四省、自治区的出入境检验检疫局还达成一致，将进一步加强区域协作，共同促进东北地区口岸与腹地及内地主要港口的便捷通关，携手服务东北地区的对俄合作与地区发展。这一合作机制的建立为辽宁省充当地区协调机构的主要组织者奠定了基础，也积累了相关地区协调和管理机制的经验。同时，辽宁省在国际合作的经验、人才储备、政策智库方面兼具各种条件及优势，是组织和协调成立该机构的合适主体。从辽宁省的角度看，在对俄合作不占据地理位置优势的条件下，应在区域合作、战略规划、协调机制以及整体合作和规模效应等方面取得突

---

① 海关总署服务"一带一路"16 条措施。

破，为辽宁省对俄合作找到新亮点、创造新机遇。辽宁省作为目前东北地区经济发展水平较高的省份，在制度建设、工作机制、协调管理等方面具有相对高的水平和较先进的经验。更为重要的是，东北地区的外国政府机构如使领馆等都设立在辽宁省（沈阳市），使得辽宁省成为东北地区与东北亚地区国际合作的重要联系中心。综合地看，辽宁省是东北地区国际合作协调机构最合适的所在地。

近些年来，中俄海关大力推进通关监管作业改革，不断创新合作模式，在提升贸易便利化水平和促进贸易增长等方面进行了积极尝试并取得积极成效。两国海关应继续在以下几个方面加强合作：

一是深化监管结果互认试点合作。中俄海关于2014年8月8日在绥芬河-波格拉尼奇内、东宁-波尔塔夫卡口岸启动监管结果互认试点。出口国海关对纳入互认范围的特定出口商品实施查验后，进口国对货物不再实施查验，予以快速放行。

二是有效实施信息交换框架下的"绿色通道"项目。为推动中俄合作项目创新，2014年双方商定通过"信息交换"为参与企业提供通关便利，即信息交换合作框架下的"绿色通道"项目。该项目在尊重企业意愿的基础上，互相结对，提前交换信息数据，两国海关将给予企业优惠通关便利措施。双方通过前期充分准备，项目已经开始实施，下一步将继续完善项目试点，研究扩大参与企业和口岸，促进双边贸易发展。

三是落实《中华人民共和国海关总署和俄罗斯联邦海关署关于集装箱运输商品供应链安全和贸易便利的议定书》。双方海关于2015年9月3日签署该议定书，旨在通过交换两国海关在物流监管过程中获取的信息，加快集装箱运输商品的海关通关作业。

四是继续加强多领域海关合作。两国进一步提高统计技术水平，扩充商品数据交换项目；加强联络沟通，有效打击走私违法行为；监控重点商品价格走势，加强边境海关合作，促进边境地区经贸发展。

5.2　畅通贸易合作

5.2.1　实施全产业链合作

全产业链是中粮集团提出来的一种发展模式。这种模式的显著特点是整体性、系统性和协同性，目前已不局限于粮食产业，作为一种新型的产业运营模式得到各方面的关注与推广。中国东北地区与俄罗斯远东地区基于现有的经贸和技术合作状况，实施全产业链模式是实现双方最大利益诉求的最佳途径。

（1）加强产业内贸易

基于资源禀赋的中国东北地区与俄罗斯远东地区一直以来是以劳动密集型产品与资源密集型产品的产业间贸易为主，贸易结构不合理一直是制约两国经贸合作持续发展扩大的重要原因，提升产业内贸易水平是促进双方全产业链合作的基础和前提。加强双方产业内贸易，有如下方法：

一是要协调产业政策和投资政策，消除贸易壁垒。从资源、技术、资金、人力、效益分配等方面设计全产业链合作方案，鼓励投资对方产业链条的优势环节以及市场需求旺盛产业和高科技产业，以发挥各方长处，取长补短，促进产业链条在本地区的延伸与拓展。

二是要加强科技合作，提高产业技术水平，尤其是加强高新技术和绿色技术领域的合作，促进中国东北地区和俄罗斯远东地区各自的产业结构调整和升级，增强产品的国际竞争力。

三是要充分挖掘现有中俄合作园区功能，发挥示范作用。

（2）推动油气全产业链合作

中俄油气合作是中俄经贸合作的重点领域，随着全球油气市场格局的变化和"一带一路"倡议与"欧亚经济联盟"战略的对接，中俄油气合作面临新的机遇与挑战，具备实施全产业链合作的条件与要求。中国东北地区与俄罗斯远东地区应发挥双边地缘优势，借助上合组织、亚投行、丝路基金支持，弥补单方面油气产业短板，探索中国东北地区与俄罗斯远东地区油气一体化市场，推动从勘探开采到管道铺设、原油炼化、质量标准、商品贸易、技术服务到运输装备等领域的油气全产业链合作。

5.2.2　建设中俄自由贸易区

随着新时代中俄全面战略协作伙伴关系不断深入，在当今中、美、俄政治经济关系博弈的催化作用下，进一步深化中俄经贸合作关系，打破中俄经贸发展壁垒，建立中俄自由贸易区，促进中国"一带一路"倡议与欧亚经济联盟战略的有效对接，已提到中俄两国的议事日程。基于目前中俄关系现状及自由贸易区建设存在的障碍，应着力在深化双方互信、改善投资环境、强化产业链条协作及推进工业化进程等方面务实推进自由贸易区的建设进程。

（1）深化双方互信

俄罗斯的部分人士对目前中国企业的投资入驻和劳务输出持有警惕或者反对态度，这种思想意识方面的障碍是影响中俄自由贸易区建设的最重要因素，打破思想意识障碍是推进中俄自由贸易区建设的首要问题。

第一，加强学术交流，在学术界形成共识。基于俄罗斯学术界的反对声音及影响力，中方学者应牵头成立中俄自由贸易区课题组，邀请俄方高校、科研机构的知名专家学者，加强对彼此关切问题的认识和了解，联合研究促进中俄自由贸易区建设的措施，使俄罗斯学术界充分认识中俄自由贸易区建设对俄罗斯远东开发的重要性，使其成为双边自由贸易区建设的倡导者。

第二，加强中俄经贸合作协会及商会的筹建，打造企业交流平台。目前中国东北地区只有辽宁省成立了中俄合作协会，为了全面系统掌握中俄合作的项目进展情况，及时解决跟踪合作过程中存在的问题，避免产生不必要的隔阂和矛盾，保证项目顺利开展，黑龙江省、吉林省和内蒙古自治区也要成立中俄合作协会，并成立东北地区对俄合作商会，促进对俄企业交流和资源整合，提高中方企业对俄沟通交流的代表性和实力。

第三，加强民间交流，夯实民意基础。丰富教育合作、旅游合作的形式与内容，扩大交流对象的范围，尤其是要加强青年之间的交流活动；充分发挥中俄博览会、中俄文化大集交流平台的作用，建立友好城市和友好单位；重视对华侨和俄侨的宣传，发挥情感纽带作用，建立通畅的探亲访友渠道。

（2）改善投资环境

要增强毗邻地区社会投资对双边的联动影响程度，必须采取切实的行动和举措，消除阻碍毗邻地区投资合作的壁垒和障碍。

一是按照世贸组织的原则和要求，修改和废除不利于投资便利化的政策规定，促使俄方消除阻碍毗邻地区自由投资的隐性壁垒和歧视性的政策措施，提高投资服务效率和水平，切实为双边毗邻地区投资合作营造公平竞争、公开透明、服务高效的投资软环境。

二是创新投资合作方式，加强毗邻地区在道路交通、城市基础设施以及管网建设等领域的投资合作，推动毗邻地区在互联互通方面取得新的突破，改善毗邻地区双边投资发展的软环境，进一步提高中俄双边投资便利化水平。

（3）强化产业链条协作

中俄毗邻地区工业发展联动效应较低且呈现单向特征，主要原因就在于以工业为主导的产业分工协作链条短、协作方式单一。中国东北老工业基地所需的能源、资源主要来自俄罗斯远东地区，但俄罗斯远东地区的生产、生活消费品并不主要来自中国东北老工业基地。因此，必须依托现有资源和优势，重点提高中国东北老工业基地的企业实力和产品质量，通过技术创新赢得在俄罗斯远东地区的更大市场，同时在现有供应链基础上拓展，以油气全产业链合作带动其他产业合作的进一步深化，提升自由贸易区建设的内在动力。

（4）推进工业化进程

虽然中俄毗邻地区工业化已进入中后期，但工业化水平不高，工业化程度较低，其根源在于中俄毗邻地区工业经济实力不强，现代加工制造业的研发水平滞后。因此，中国东北老工业基地应基于原有优势，着力推进加工制造尤其是高端装备制造和现代数字化机床制造水平的提高，通过技术引进后消化、吸收、创新，切实提高中国东北老工业基地的工业实力和工业化水平，通过发展配套产业和生产服务性产业，吸纳更多城乡人口集中就业，推动人口聚集和社会发展。同时，要积极争取中国东北老工业基地的企业在俄罗斯远东地区投资办企业，尤其是利用加工制造企业生产经营方面的优惠政策和服务便利，在输出资金、技术、服务的同时，积极促进俄方科技成果的转化应用，加速俄罗斯远东地区的工业化发展进程，从而实现区域经济一体化发展。

5.2.3　完善中俄跨境电子商务平台

跨境电商作为一种新型外贸发展模式，能够规避国别风险，降低选购成本，促进世界范围内货物流通，是中国东北老工业基地与俄罗斯远东地区外贸转型发展的内在需要。近些年来中俄跨境电商的发展取得了一定成绩，但尚未形成完善的中俄跨境电商综合试验区。对此，中国东北老工业基地应积极打造良好的营商环境，着力培育对俄跨境电商的完整产业链，引导对俄跨境电商产业向标准化、规模化、集群化、规范化方向发展，创新贸易通道，把中国东北老工业基地建成投资贸易便利、通关高效快捷、物流集约高速、监管服务高效、法制环境健全的中俄跨境电子商务交易中心、物流中心、结算中心和跨境产业集聚基地。

（1）培育壮大对俄跨境电子商务经营主体

鼓励传统对俄贸易企业转型升级，打造对俄跨境电子商务特色品牌；鼓励电商服务企业搭建跨境电子商务平台，面向对俄电商应用企业和传统企业提供各类相关服务，扶持对俄跨境电商企业做大做强。

利用"一带一路"倡议的相关政策支持、中俄物流大通道和中国东北老工业基地的资金政策优势，吸引国内外有影响力的跨境电子商务企业入驻中国东北老工业基地，开展跨境电商相关业务，以点带面，带动区域跨境电子商务发展，形成跨境电商产业集群。加快实现 B2B 全程在线交易，与跨境电子商务公共信息服务平台互联互通，不断扩大可交易商品的品类及规模，促进自主品牌出口，不断创新和改进 B2B 模式。

（2）革新对俄贸易监管方式

遵循便利化的原则，建立备案企业信息共享库，统一信息标准规范、信息备案认证、信息管理服务，打破信息壁垒，建立海关、检验检疫、税务、外汇管理、合作共享机制，实现各部门之间信息互联互通，为对俄跨境电子商务进一步发展提供数据技术支持。

（3）创新对俄跨境电子商务信用管理

综合多方信用数据，依托对俄跨境电子商务公共信息服务平台的建设，完善对俄跨境交易信用评价相关领域的制度规范，构建信用记录完善、体系健全、服务便捷的电子商务信用评价体系和跨境电子商务纠纷解决机制措施。同时，建立跨境电商信用数据库、信用监管和负面清单系统，实现对跨境电商业务全流程的信息识别、资质审查和信用评价。以分类分级信用管理的方式，将信用度差或者存在重大失信行为的企业及个人列入负面清单。事前准入禁止，事中全面查验、严格监管，简化企业和商品备案流程，为营造跨境电商产业的良好发展环境提供保障。

（4）优化对俄跨境电子商务统计监测体系

建设并完善诚信体系以及信用评估机制。加强产品质量监管，推进以大数据、云计算技术为基础的全程统计监测体系，完善对俄跨境电子商务统计方法。建立交易主体信息及电子合同、订单的标准格式和进出口商品的简化统计分类标准，实现对俄跨境电子商务贸易的标准化。汇集各类平台商品交易、物流通关、金融支付等各项数据分析处理，建立对俄跨境电子商务大数据中心，实现对俄跨境电商业务全程统计监测，即对俄跨境电商商品质量追溯在线查询、咨询反馈和投诉举报。建立和完善部门间、区域间信息共享和协同监管。引导对俄跨境电商主体规范经营行为，明确质量安全主体责任，协助解决商品维权纠纷问题，营造公平竞争的市场环境。

（5）建立对俄跨境电子商务风险防控体系

建设中国东北老工业基地对俄跨境电子商务"大数据中心"，为对俄跨境电子商务发展提供强大的大数据信息服务。提高大数据挖掘能力，深入挖掘消费者需求，丰富数据库维度，形成精准推送优势。创新服务方式，采取线上和线下相结合的模式推进个性化、定制化服务，通过商品、价格、服务和精准推送优势形成客户黏性，帮助对俄跨境电商规避商业风险。建立对俄跨境电子商务数据标准，建立数据传输、开放、共享和使用的规则，保障系统和数据安全，依法保护各接入方的合法权益，提升数据管理服务能力。结合对俄跨境电子商务全程统计监测体系和信用评价体系，以流程节点风险防控为重点，开展全流程的专业风险分析，为政府监管提供有效保障。

（6）完善对俄跨境电子商务金融服务体系

创新金融服务体系，鼓励金融机构、电子商务平台、第三方支付机构规范开展合作。以中国东北老工业基地对俄跨境金融服务优势为基础，加强同有关部门的协调，建设面向全国的中俄本外币现钞服务中心。加大政策扶持力度，向更深、更广的层次拓展对俄金融服务体系，为对俄跨境电子商务企业提供更加便捷、完备、安全的服务。为真实可信的跨境电商交易提供在线支付、融资、保险、信用担保等完备便捷、风险可控的"一站式"金融服务。促进跨境电商企业基于订单的融资，促使其扩大经营规模，加快资金周转。

进一步完善"中俄跨境电子商务在线支付平台"的各项金融服务功能。作为独立的中俄跨境贸易电子商务第三方支付平台，"中俄跨境电子商务在线支付平台"集支付、结算、理财、融资等综合金融服务于一体，为电商企业提供在线贸易融资、小额信用贷款等金融产品及俄罗斯金融政策法律和法规信息咨询服务。鼓励融资担保机构为物流企业提供信贷担保，鼓励物流企业与金融机构、融资担保机构合作开展物流金融增值业务。支持物流企业通过股票上市、发行债券、兼并重组、合资合作等途径筹集资金，鼓励民间资本参与物流基础设施项目建设。

（7）加快建设对俄跨境电子商务智能物流体系

转变传统对俄跨境贸易物流模式，利用现代信息技术大幅度提高现有物流水平，推进智能物流体系建设。打造中国东北老工业基地主要城市对俄跨境电子商务航空物流大通道和对俄重点陆路口岸电子商务货运大通道。依托中国东北老工业基地现有信息平台，综合运用云计算、大数据、移动互联网等信息技术，构建互联互通的物流智能信息系统、衔接顺畅的物流仓储网络系统、优质高效的物流运营服务系统。实现物流供应链全程监测可控，探索建立标准化、规范化的对俄跨境电子商务物流运作流程，形成合理布局、高效快速、功能完善的对俄跨境物流分拨配送和运营服务体系。

依托物流综合信息服务平台，提供实时、准确、完整的物流状态查询和跟踪服务，实现数据公用、资源共享、信息互通。支持物流企业提供智能化服务，提升第三方物流服务水平。支持传统仓储企业转型升级并鼓励仓储配送一体化，引导仓储企业向配送运营中心和专业化、规模化第三方物流发展，支持其规范开展担保存货第三方管理。支持有基础、有条件的企业提供供应链集成服务以及一体化解决方案。

鼓励中国东北老工业基地的跨境电商企业与俄罗斯物流企业合资合作，在俄罗斯远东地区的主要城市铺建海外仓、境外服务网点和实体体验店，建立服务范围覆盖俄罗斯远东地区的物流枢纽中心，提供集运输、仓储、配送和售后服务等为一体的系统化的服务。

（8）加大对俄跨境电子商务资金政策支持力度

近些年来国家对跨境电子商务的政策扶持力度明显增强，成为行业加速发展的催化剂。中国振兴东北老工业基地战略为对俄跨境电子商务综合试验区建设提供了政策支持，营造了良好的环境。充分利用政策红利，发挥中国东北老工业基地对俄地缘优势，重点扶持对俄跨境电子商务企业 B2B 业务，提供符合实际、适应产业发展的优惠政策，鼓励产业做大做强。

（9）完善对俄跨境电子商务法律和法规体系

基于传统的有纸贸易方式制定的现行国际贸易法不能完全适用于对俄跨境电子商务。深入探索研究与对俄跨境电子商务发展相符合的法规、政策体系及国际通用规则。鼓励相关企业、机构、院校合作成立对俄跨境电商法律和法规研究机构，提供理论研究和智力支持。通过建立行业诚信认证制度，规范市场主体行为，实现行业自律管理。加强与国外各类组织机构的合作，探索审核对俄跨境电商发展国际通用规则，为对俄跨境电商产业营造良好的经济生态环境和公平竞争的氛围，为相关法律、法规、国际惯例和规则的研究与制定提供可借鉴参考的经验。

（10）建立对俄跨境电子商务人才培养机制

依托中国东北老工业基地高校资源和人才优势的基础，依据市场需求，鼓励企业、社会组织及教育机构合作办学，定向培养跨境电商专业人才，形成长期可持续的培养机制。鼓励高等院校开设跨境电商专业课程，鼓励各类培训机构增加跨境电商技能培训项目。

支持院校和社会培训机构与企业合作开展创业培训，使跨境电商成为创新驱动发展的重要引擎和大众创业、万众创新的重要渠道。同时，通过创新驱动推进跨境电商的发展繁荣。

5.3 深化金融保险合作

5.3.1 金融合作

近些年来，在俄罗斯外汇市场上，人民币对卢布的交易规模逐年扩大，货币产品和交易工具不断丰富，同时两国间跨境人民币结算量迅猛增长，本币结算将在中俄双边金融合作中发挥更大的作用。在新时代中俄全面战略协作伙伴关系发展良好、各领域合作顺利推进的大背景下，深化中俄金融合作与开拓创新，将进一步促进中俄两国尤其是中国东北地区和俄罗斯远东地区的区域经济发展。

（1）进一步深化中俄金融联盟在区域经济联动发展中的作用

2015 年 10 月 15 日，在第二届中国-俄罗斯博览会"中俄金融合作会议"上，中俄金融联盟在哈尔滨市宣布正式成立。该联盟以"建立中俄经贸往来高效发展有利机制，促进中俄金融合作的全面发展，推进中俄两国经济主体本币结算"为主要目标，旨在加强联盟会员间在金融服务、风险管理、技术解决、员工培训等方面的经验交流，增进中俄两国在金融等领域法律、法规的信息交流，并在代理行关系建立、双边本币结算及现钞业务、国际贸易及信保融资、组织银团贷款、中俄地方基础设施建设项目融资以及在全球市场交易业务等领域寻求合作及解决方案。中俄金融联盟的成立，开辟了中俄金融合作新的里程，是实现"一带一路"倡议、助力建立中蒙俄经济走廊建设、推动中俄两国金融及经贸领域务实合作的重要平台，有利于扩大中俄两国货币直接结算业务，有利于促进中国对俄经贸企业"走出去"。

中俄金融联盟的存在和发展依赖于多年的中俄经济交往中的结算业务往来、中俄区域经济联动发展对金融合作的急切需求以及多家中俄银行之间代理关系及代理业务的发展。在国家层面的推动下，应利用市场的经济指导，积极主动地深化和开拓中俄金融领域的创新合作。在中俄金融联盟中，应重点鼓励和支持哈尔滨银行的对俄金融合作。中俄两国银行通过互设金融机构及代理行方式，提高资金结算效率。截至 2018 年 8 月，黑龙江省有 10 家银行与俄罗斯 24 家银行共设立代理行账户 133 个，构建了包括美元、人民币、卢布在内的三位一体的资金清算网络。中国银行已与俄罗斯境内 34 家同业机构签署人民币现钞批发业务协议，成为俄罗斯境内人民币现钞流动性的提供者。哈尔滨银行截至 2018 年第一季度，已向俄罗斯境内累计调运 1 亿元人民币；国家开发银行黑龙江省分行已通过俄罗斯金融机构转贷发放贷款 60.51 亿美元。龙江银行推出"贷款建桥，收费还贷"的方式，向黑龙江省阿穆尔河大桥开发建设有限公司发放 19 亿元人民币贷款。此外，国家开发银行黑龙江省分行和哈尔滨银行与俄罗斯商业银行签订总额为 235 亿元人民币的同业融资协议，用于中俄间涉及冶金、矿业等 35 个贸易合作项目。在中国东北地区和俄罗斯远东地区的金融合作上，应重点鼓励和支持对俄金融合作发展走在最前列的哈尔滨银行，充分发挥其地缘及前期基础优势，以便为区域的经济联动发展提供便利。

（2）积极研发和建设跨境电子商务支付结算体系

电子商务这种以信息网络技术为手段、以商品交换为内容的商务活动，将传统商业活动各环节电子化、网络化、信息化。随着互联网的开放，基于浏览器/服务器的应用方式，不同国家的买方和卖方可以进行各种商贸活动。但消费者的网上购物、商户之间的网上交易和在线电子支付，以及各种商务活动、交易活动、金融活动和相关的综合服务活动的实现，最终都离不开支付结算体系。跨境电子商务支付结算体系的建立和完善，将在很大程度上提升跨境电子商务的发展速度和规模。

在中国东北地区和俄罗斯远东地区的经济联动发展过程中，完善的跨境电子商务支付结算体系将给区域合作提供极大的动力。跨境电子商务支付结算体系的研发与建设，应以现有的中俄两国银行间建立的支付结算关系为基础，积极研发和创新国内电子商务平台与俄罗斯电子商务平台的联系和对接，在支付结算环节上，重点解决线上便捷支付、网上收单、在线人民币支付、跨境资金分账与清算、反洗钱、国际收支申报等问题。

银行对跨境电子商务支付结算体系的研发与建设，对国家间的经济交往能起到积极的促进作用，而且银行从自身的发展角度可以跨境电子商务支付结算体系建设为支点，实现"互联网＋"模式的转型发展。

（3）进一步推进金融改革，深入中俄两国的金融合作

2015 年 12 月 1 日，国际货币基金组织将人民币纳入"特别提款权"篮子，2016 年 10 月 1 日正式生效。人民币成为第一个被纳入 SDR 篮子的新兴市场国家货币，这促使我国继续推行金融改革。人民币处在由周边化走向区域化、国际化，由贸易结算货币走向支付货币、储备货币的"迈坎"时期。当前，我国的金融改革应着眼于如何建立与境内对接、辐射全球、繁荣活跃的人民币离岸市场。人民币的国际化将为中俄两国的金融合作带来积极的推动作用，对于充分发挥地缘优势，开展卢布兑换、跨境人民币结算、跨境人民币融资、人民币交易等业务，为企业提供跨境结算、贷款、贸易融资等金融服务而言，不仅务实有用，而且意义重大。

（4）设立亚投行办事处，提高俄罗斯远东地区基础设施的建设水平

近些年来俄罗斯远东地区基础设施落后问题制约了中俄经贸合作。目前，亚投行得到越来越多国家的积极响应，它不仅能够夯实作为经济增长动力引擎的基础设施建设，还能够提高亚洲资

本的利用效率及对区域发展的贡献水平。如果能在中国东北老工业基地设立亚投行办事处,不仅能提高亚洲资本对俄罗斯远东地区基础设施建设的投资支持,而且能为边境经济合作区建设提供动力源,增强俄方对边境经济合作区建设的主动性与积极性,从而推动中国东北地区的全面振兴与俄罗斯远东地区的开发进程。

总之,加强中俄两国之间的金融合作,将进一步深化中俄两国之间的经济联系,巩固中俄两国在国际经贸规则等方面的共同立场和意见。同时,通过加深中国东北地区和俄罗斯远东地区的联动发展,有助于建立更加公正合理的国际经济新秩序,增强地缘政治优势。

5.3.2 保险合作

(1)加强中俄之间的旅游保险合作

中国东北地区与俄罗斯远东地区是中俄两国之间旅游最为频繁和人数最多的地区。在保险业务中,除了基本的旅客意外伤害保险、旅游人身意外伤害保险及住宿游客人身保险这三种基本保障之外,中俄两国之间为更好地促进民间旅游产业的发展,应加大在旅游救助保险和旅游求援保险方面的合作。

旅游救助保险和旅游求援保险都是在出国旅游时对旅行者最好的保障选择。通过保险的形式,游客在国外任何地方遭遇险情,或者由于不谙当地习俗、法规引起法律纠纷,都可拨打电话获得无偿救助。这是将原先的旅游人身意外保险的服务扩大,将传统保险公司的一般事后理赔向前延伸,变为在事故发生时提供及时有效的救助。中俄保险公司之间应加大沟通和了解,拓宽业务合作范围和内容,完善和规范旅游保险业务的服务,用保险服务来解除在中俄间往来的人们的后顾之忧,为推动中俄两国的文化交流和经济发展提供保障。

（2）加强企业跨境投资的保险服务

中国东北地区与俄罗斯远东地区的合作规划吸引了大量的企业拟积极地参与到项目的合作建设中。但在企业跨境投资的过程中，大部分企业尤其是中方企业，对俄罗斯的相关法律、制度及规定了解得不多，不能针对俄罗斯政策、法规的变动及时调整自己的经营决策，导致一些公司甚至是较大规模的企业在对俄投资中收益甚微乃至亏损。

因此，为促进中俄两国企业的跨境投资，相关部门与保险公司应积极地参与进来。相关部门应将对外人文、科技、经贸往来和项目合作等相关对俄合作的政策、法规，申请操作程序，海关准出、准入目录，相关退税规定等进行适当的编辑整理，明晰允许准入和各种项目的审批、定项所需程序、办理内容、准备要件、要求事项等。加大海外投资保险的宣传力度，加强中俄双边投资保险制度建设，明确对外投资企业面临征收、汇兑限制、战争以及政府违约等情况时，该如何应对以及能够获得的相应补偿。加强对跨境投资企业的指导和服务力度，使企业敢于走出去，保障合作不走弯路、险路。

（3）积极推动中俄两国的保险合作发展

中俄保险领域合作上升到国家层面。2016 年 6 月 26 日，两国签署了《关于 2016—2018 年保险领域合作的共同行动计划》。该文件的签署是中俄保险业为落实两国领导人共识、促进中俄保险合作发展的重要举措。中国东北地区与俄罗斯远东地区作为两国合作联动发展的重要区域，其在保险领域的合作应以该行动计划为纲领性文件，在旅游保险、再保险、丝绸之路经济带合作、重工机械保险等双方共同关注的领域，积极发展保险合作，推动中俄保险领域合作发展进入新的历史阶段。

5.4 扩大人文交流

由于中俄两国国情各异，经济、政治状况错综复杂，有些人存在对中俄合作的各种担心乃至误解。要消除这些担心和误解，关键还是做好文化交流、学术往来、人才交流合作、媒体合作、青年和妇女交往、志愿者服务等民心相通工作。近些年来，随着中俄经贸领域的合作不断深入，文化方面的交流也越来越多，并且对推动区域社会发展产生了深刻的影响，但交流的深度、广度还不够。中俄双方要以官方的文化交流促进两国间广泛的民间文化交流；提高中华文化的影响力，充分发挥文化交流在合作中的支撑作用。在日益国际化的背景下提高外交人员与普通民众的人文素质，更好地促进中俄合作，实现两国新时期更好的发展。

5.4.1 拓建人文交流的平台

随着中俄文化交流活动不断发展，两国多次成功互办文化节、语言年、旅游年等丰富多彩的交流活动，展示了各自的艺术、语言、服装和风俗；两国的教育、科学、音乐、舞蹈、美术相互交融，为我国文化的发展注入了新的活力。

（1）打造中俄青少年学生交流平台

中俄已经开展多年的俄罗斯中小学生来华冬令营、中国中小学生赴俄罗斯夏令营活动，这些项目属于中俄教育领域的重要活动，也是中国和俄罗斯教育领域里的机制化项目。加强两国青少年之间的交流，能够加深两国人民特别是青少年之间的相互了解和友谊，使学生亲身认识和体验异国的人文景观和社会风貌，以期未来成为中俄"和平友好使者"；激发学生学习异国语言的热情和积极性以及他们对异国历史文化、民俗风情的兴趣和关注。丰富中俄大学生艺术节的活动内容，如"中俄大学生艺术联欢节""中俄大学生科技节""中俄大学生运动会"等，旨在搭建中俄民间国际交流平台，展示两国民族文化艺术瑰宝和当代大学生的青春活力，彰显两国文化艺术的价值与特色，让更多的中俄两国年轻人相互欣赏和了解彼此国家的璀璨文化艺术魅力，推动两国青年的学习和工作交流。

（2）打造中俄大学校长及专家学者交流平台

一方面是将中俄大学校长论坛活动机制化，定期举办。通过此论坛活动，中俄双方校长可以针对某一重要议题进行深入讨论，围绕高等教育质量的提升和发展等问题各抒己见、交流看法。中俄双方非常重视高校间的合作，尤其是在互派留学生方面的合作。中俄双方高校都希望扩大教育资源、整合优秀资源提高教育质量。另一方面是建设专家学者智库，加强中俄双边区域发展产学研一体化合作。

（3）打造项目合作平台

"文化大集"项目是由中俄两国文化部共同主办、中国文化传媒集团有限公司承办的中俄文化论坛活动。该论坛下设"青年文化生活与创业""文化产业与贸易""边境文化交流""文化金融""电影文化"5个分论坛，其中由中国文化传媒集团有限公司和黑龙江省文化厅承办的"边境文化交流"论坛尤其引人注目。基于此项目经验，中俄双方应积极打造人文项目合作平台，促生中俄双边地区独特的文化产业。

5.4.2 拓宽人文交流的范围

（1）加强科技合作

俄罗斯作为科技大国，它的航空、海洋、核技术、冶金、光纤维等高尖端产品科技水平居世界前列。俄罗斯拥有世界一流的科技实力，与中国东北地区的技术需求和产业基础之间形成了较为明显的互补关系。俄罗斯远东地区科技力量雄厚，有科研机构 147 家，科研人员 1.3 万人，占全俄的 1.5%。中国东北地区共有科研机构

700 多个（包括中国科学院的具有国内最高水平的研究所），有国有企事业单位的专业技术人员 21 518 万人，占全国的 9.9%，可谓人才济济，科技水平高于全国平均水平。加强两地区的科技合作对中国东北老工业基地振兴和俄罗斯远东开发具有重要的现实意义。

（2）加强文化市场开发

俄罗斯居民对中国旅游资源的了解不多，获得有用信息的渠道较少，一般是通过网络、旅游报刊上的广告和亲朋好友旅华所谈观感而获得的。为了使俄罗斯居民更好地了解中国和中国文化，中国需要建立俄文版的互联网门户网站，以方便俄罗斯各地的用户访问使用。针对俄罗斯游客出行自助游所占人数比例相对大的特点，需要制作俄文版的宣传资料和交通手册。同时，中国应增加旅游产品的文化内涵，打造更多具有浓郁民族风情的旅游产品，以吸引俄罗斯游客。目前，很多俄罗斯人开始选择到中国旅游度假。俄罗斯游客在这里既能观光旅游，还能亲身感受中医保健的魅力。针对专门为中医医疗和保健而来的俄罗斯游客，中国旅游企业应进行更好的规划。

（3）加强文化产品开发

创建中俄文化产业园，开发出高水平、高质量、市场潜力大的文化精品。建立统一高效的中俄地方文化交流与合作机制，更深刻地了解双方文化习俗的异同点，把握俄罗斯文化市场的需求动态，针对差异性文化产品的需求，设计和调整凸显中华民族文化魅力又深得俄罗斯消费者喜爱的文化产品，如旅游文化产品、餐饮文化产品、康养文化产品等。针对趋同性文化产品的需求，要筑牢深化合作的民意基础，加大双方产业合作，提高产品层次与质量，如绿色文化、冰雪文化等。

近些年，在中俄双方的共同努力下，中俄文化大集影响已辐射整个中国东北地区和俄罗斯远东地区；由边境地区向内地延伸；由文化向教育、旅游、科技、体育等领域拓展，同时带动经贸合作升级。中俄文化大集既是高层交流的平台，也是普通民众的盛大节日。中俄文化大集已发展成为有特色、有影响的国家级地域性常态文化交流机制，示范了边境地区文化交流与合作的成功模式。中俄文化大集未来应进一步加强文化产业合作，进一步扩大展销、商业演出、艺术品拍卖等内容，吸引双方更多的文化企业参与，逐步将艺术教育、影视合作、图书及动漫等文化产业纳入文化贸易中来，增加文化贸易合作在中俄边境文化交流中的比重，并共同探索建立边境地区文化贸易长效机制。

5.4.3 拓展人文交流的形式

（1）建立中俄文化交流中心

中国要加快文化基础设施建设，即便是规模不大的城市，尤其是沿边城市也应该拥有自己的大剧院、音乐厅、美术馆等设施。由于多种原因，中国的部分大城市也缺少这类设施。完善的硬件设施可以增强载体功能，是城市文化塑造的基础。这些文化基础设施的建设应被提到议事日程上来。因此，在边境城市应该建设中俄文化交流中心，文化交流中心不但具有巨大的潜力和吸引力，而且具有很强的辐射力，许多内容及活动有着广阔的延伸空间，并能够为网络经营和综合发展奠定基础、创造条件。

（2）开展形式多样的交流活动

毗邻俄罗斯远东地区的中国东北地区具有"地利"优势和一定的产业基础，同时具有较大的成本优势，有能力承接俄罗斯远东地区的一部分研究成果转化项目。中国东北地区的黑龙江省哈尔滨市建立了对俄合作产业园，类似的主题开发区逐步成为俄罗斯远东地区研究成果转化的有效载体。

（3）拓展多样化技术引进方式

中国东北地区传统的以关键设备、成套设备为主的技术引进格局已被打破，取而代之的是专有技术许可或转让、技术咨询、技术

服务等多种技术引进方式相互交织的新局面。借助哈尔滨国家级
"哈洽会""中国吉林-东北亚投资贸易博览会""吉林省-滨海边疆
区投资与贸易展洽会"等展会经济的独特魅力,鼓励中国东北地区
的企业与俄罗斯研究院或企业采取多种方式实现产研合作,通过多
样化的技术引进促进双方产业技术水平的提升。

5.5 完善合作机制

中国东北地区的发展与俄罗斯远东地区大开发具有较强的相
关性,即在这两个地区的经济增长、技术创新、文化交流、产业
发展等方面存在一定的关联性。在区域经济一体化的发展过程
中,中俄两国应通过政府政策联动、市场发展联动、金融发展联
动等运作方式,利用政策引导,市场需求、指导、服务、监督等
形式,形成联动机制,将中国东北老工业基地振兴与俄罗斯远东
开发有机地联系起来,使其能在区域内协调发展,实现区域经济
繁荣,为两国参与东北亚区域国际竞争与合作构筑坚实的战略
平台。

5.5.1 政策沟通机制

政策沟通机制应以高层互访为引领,加强政府间合作,着力推
进双多边合作,积极构建多层次政府间政策交流机制和联动机制,
加强政策对话和协商,深化经济合作,增进政治互信,达成合作新
共识。

我国实施振兴东北老工业基地战略以来,国家及东北各省、地
区发布了许多的相关政策及文件,从总体规划到税收、现代体系建
设、资源型城市可持续发展、区域创新、生态建设及环境保护、对
外开放、资源利用与开发等具体方面,对东北老工业基地的振兴给
出了政策扶持和帮助。尤其是我国提出了"一带一路"倡议之后,

黑龙江省被定位为向北开放的重要窗口，这为我国东北地区与俄罗斯远东地区的区域联动发展提供了更为有效的双多边机制和区域合作平台。

推动新时代中俄全面战略协作伙伴关系，共同打造政治互信、经济融合、文化包容的利益共同体、命运共同体和责任共同体。俄罗斯加速远东地区的开发与开放的主要战略思路是："俄罗斯经济今后的发展，能否崛起成为世界性的经济大国以及到2020年能否成为世界第五大经济体，在相当程度上取决于东部地区的发展。如果东部地区长期落后，经济结构不能调整，那么俄罗斯均衡的区域发展战略就不能实现，亦不能保证俄罗斯的和谐发展。俄罗斯清楚地看到，世界经济与贸易重心已日趋转向亚太地区，俄罗斯必须做好准备，使其东部地区适应这一发展趋势。"[①]俄罗斯不应置身于亚太地区各国经济快速发展的进程之外，远东地区和亚太地区国家在经济上的互补性极强，合作潜力很大。

近些年来，中俄两国元首互访频繁。中国振兴东北老工业基地和俄罗斯开发远东地区过程中，两国应就经济发展战略和对策问题进行充分交流对接，本着求同存异的理念，共同制定推进区域合作的规划和措施，及时协商解决合作中出现的问题，营造良好的政策环境。中俄两国元首在政策沟通机制中发挥了极大的引领作用，相应部门和机构也要根据中俄合作的能源、信息技术、制药、医疗设备、化工、木材加工、造船、运输机械制造、有色冶金、农业、金融、投资领域积极设立合作委员会。一方面，在本区域内部，委员会可以通过网络、广播、电视等媒体形式完整地、权威地向社会发布相关信息，组织和引导区域内相关领域的交流与合作，向市场中的政策需求者及时发布信息。另一方面，对于外国的相关区域，委

---

① 陆南泉. 俄罗斯入世 [EB/OL]. (2012-09-11) [2019-04-04]. http://www.eeo.com.cn/2012/0911/233399.shtml.

员会应成为一个合作发展的促进者和沟通者，在遵守市场经济发展规则的前提下，为本区域相关合作的单个市场主体提供必要的帮助和支持。

同时，在中国东北地区内部也应加强地方政府间的沟通和协调。自2010年起，为推进区域经济一体化发展，加强沟通协作，推动我国东北地区加快形成具有独特优势和竞争力的新的增长极，东北四省、自治区每年都会召开一次东北四省、自治区的合作行政首长联席会议。经过多年的区域合作联动发展，东北四省、自治区的一体化发展取得了突破性的进展。2015年5月1日，东北地区海关区域通关一体化启动，海关在东北四省、自治区范围内全面实施"通关单无纸化"和通关单跨关区认可、通用，实现进出口货物区域内快速放行。通关一体化打破了地域限制和关区的行政界线，有助于整合东北地区内部资源与外部稀缺要素，促进物流产业发展，建立全国商品集聚通道，提升东北地区的开放性。2015年7月1日，东北四省、自治区的检验检疫一体化正式实施，搭建了东北四省、自治区检验检疫一体化信息平台，实现了检验检疫业务前推后移，构建了"监管更严密、通关更便捷、流程更科学、运转更高效、四局如一局"的全新一体化管理机制和运作模式。这些区域一体化政策措施的启动和实施，是落实国家"一带一路"倡议在东北地区的重大突破，为我国其他区域的合作发展起到了示范和延伸引领的作用。但地方政府间的沟通距离实现一个完全一体化的东北地区还远远不够，应在东北四省、自治区分别设立东北地区联动发展的相关经济组织和部门，如设立专门的研究学会作为民间组织，为政府部门解决相关问题提供思路和对策建议。

在中俄两国继续加强顶层设计和战略引领基础上，高水平、特殊性的内涵将得到不断的充实，从而为中国东北老工业基地振兴与俄罗斯远东开发提供良好的政策沟通机制。

5.5.2 合作监督机制

经济主体之间的合作是一个动态的过程，参与合作的群体是一个动态群体，合作的最高层次是彼此间的战略协作问题。当群体进行合作时，即展开了合作博弈的过程，彼此之间通过一定方式的合作，谋求双赢或者多赢的目标。但是，在合作的过程中，由于信息的不对称，有些主体为了自身利益的最大化，可能通过各种方式隐瞒自己的情况，并可能作出背叛的行为，从而导致合作方蒙受损失并可能导致最终合作的破裂。因此，在我国东北地区与俄罗斯远东地区的联动发展中，应建立和完善合作监督机制，以整体的战略目标为目的，通过监控合作群体的行为来调整区域经济合作。不仅对背叛行为产生约束，同时对受害者提供补偿，通过协调矛盾、约束背叛行为，最终实现群体利益的多赢局面，这对促进区域经济合作起到非常重要的作用。

我国对于东北老工业基地振兴给予了很多的政策扶持和设计安排。俄罗斯已经通过了关于创建俄罗斯远东地区优先发展的法律，将为经商和创办高新技术产业创造有利条件，入驻这些区域的公司将享受优惠的租金、低廉的保险费、税收优惠待遇、自由贸易区制度，以及其他福利和简化的登记程序。在我国东北地区和俄罗斯远东地区关于产业、项目等联动发展方面，应建立积极的合作监督机制，在以市场为主导的联动发展中，保障和提升企业和相关参与主体的执行力；在规章制度和质量管理体系的建立与完善方面，中俄双方相关部门应进行充分的沟通与合作。在中俄双方互信共赢的前提下，建立和完善督查制度和问责制度。督查制度的建立是对督查事项的跟踪监督。在中俄合作的相关领域建立相关督查机构，中方和俄方人员可以对中俄合作的项目从设立、实施、完成及后续事务中正面地对合作的执行力、经营管理、生产和重大质量管理等方面进行监督和管理。问责制度是指针对不履行或没有正确、及时、有效地履行规定职责，导致延误、效率低下的行为进行积极的纠正和问责，以提高中俄合作的效率。

5.5.3 风险保障机制

中国东北地区和俄罗斯远东地区的联动发展中，在宏观层面上国家应给予政策指导，搭建发展平台，遵循市场发展规律，促进能源、科技、经济、农业等方面的联动发展，顺应国际政治格局变动，依靠区域联动加深两国的战略合作。但中国东北地区和俄罗斯远东地区联动发展除了需要政府构建平台、提供便利之外，更重要的是以市场为主导的经济组织和个人的积极参与。在微观层面上，各经济主体（企业和个人）从自身利益出发，进行各种经济活动，参与和推动了中国东北地区和俄罗斯远东地区的联动发展。微观的经济主体由于相关信息的不对称，在进行各项经济活动时，对中俄两国法律、法规、政策等不够了解，导致一些活动存在风险。因此，为使微观层面的联动发展更顺利地进行，中俄两国应建立和完善风险预警及合作监督机制。

中国东北地区与俄罗斯远东地区的联动发展是由众多的经济主体参与和促进使其向前发展的，但其活动涉及经济、文化、法律、技术、管理、组织等各方面的内容，各个方面都存在不确定性。因此，两国应建立风险预警机制，发现风险的早期预警信号，建立预先发布警告的制度，通过及时提供警示的机构、制度、网络、举措等构成的预警系统，实现信息的超前反馈，以及时控制和预防风险的发生，有效地降低风险所带来的损失。

总之，在区域经济一体化的发展过程中，无论是国际政治、经济环境的影响，还是区域内部发展需求的推动，都将促进中俄两国的战略合作，加速中俄毗邻地区经济一体化发展，提升中俄两国企业的国际竞争力。

本章小结

中国与俄罗斯是世界上彼此相邻的两个重要经济体，双方在能源、科技、文化等方面的合作数量逐年攀升，民间往来源远流长。面对经济全球化带来的严峻挑战，毗邻的中国东北地区和俄罗斯远东地区加强合作成为两国推动地区经济发展的必然选择。

基础设施互联互通是中国东北地区与俄罗斯远东地区合作的优先领域。两国应进一步制订基础设施建设计划，达成统一技术体系标准，加强基础设施建设规划，共同推进国际大通道的开通，进而形成连接中俄的基础设施网络，强化基础设施绿色低碳化建设和运营管理。

中国东北地区与俄罗斯远东地区应基于现有的经贸和技术合作状况，实施全产业链模式，加强产业内贸易，推动油气全产业链合作，建设中俄自由贸易区，完善中俄跨境电子商务平台，实现双方最大利益诉求。

随着中俄跨境人民币结算量迅猛增长，货币产品和交易工具不断丰富，本币结算将在中俄双边金融合作中发挥更大作用。在新时代中俄全面战略协作伙伴关系发展良好、各领域合作顺利推进的大背景下，进一步深化中俄金融联盟在区域经济联动发展中的作用，积极研发和建设跨境电子商务支付结算体系，推进金融改革，将进一步促进中俄两国尤其是中国东北地区和俄罗斯远东地区的区域经济发展。

中俄两国人文交流主要依靠文化交流和科技教育合作来实现。区域经济的发展需要人来承载，不同国家和民族的沟通需要以文化交流为基础，文化是民族的精神基石。中俄两国文化交流源远流长，两国文化各具特色。中国东北地区和俄罗斯远东地区应借助中国"俄罗斯年"和俄罗斯"中国年"等形式，拓建人文交流的平台，拓宽人文交流的范围，拓展人文交流的形式；充分发挥历史渊源和地域优势而采取不同举措，深化和推动区域经济发展。

在区域经济一体化的发展过程中，中俄两国应通过政府政策联动、市场发展联动、金融发展联动等运作方式，利用政策引导，市场需求、指导、服务、监督等形式，形成联动机制。无论是国际政治、经济环境的影响，还是区域内部发展需求的推动，都将促进中俄两国的战略合作，加速中俄毗邻地区经济的一体化发展，提升中俄两国企业的国际竞争力。

总之，在中国东北老工业基地振兴与俄罗斯远东开发联动中，基础设施建设是联动的基础，经贸合作是联动的核心，金融保险领域的深入合作是联动的血液，人文交流是联动的灵魂，合作机制是联动的保障。

结　论

　　近些年来，中俄政策联动效应逐步释放，中国东北老工业基地振兴与俄罗斯远东开发联动不断深化和拓展。"一带一路"倡议与"欧亚经济联盟"遥相呼应，相互助力。中国东北老工业基地振兴与俄罗斯远东开发联动的迫切性与可行性已取得两国更广泛的共识。中国政府针对东北老工业基地振兴于 2014 年发布《国务院关于近期支持东北振兴若干重大政策举措的意见》，并提出全方位扩大开放合作，启动中俄远东开发合作机制，推动在能源、矿产资源、制造业等领域实施一批重大合作项目，按照国务院批复方案加快筹备中俄地区合作发展（投资）基金，支持哈尔滨市打造对俄合作中心城市；2016 年发布《中共中央国务院关于全面振兴东北地区等老工业基地的若干意见》，并提出提高边境经济合作区、跨境经济合作区发展水平。积极扩大与周边国家的边境贸易，创新边贸方式，实现边境贸易与东北腹地优势产业发展的互动，促进东北地区进出口贸易水平不断提高。支持有实力的企业、优势产业、骨干产品走出去，重点推进国际产能和装备制造合作，培育开放型经济新优势。俄罗斯政府为借力中国加速远东地区的开发，正积极营造远东地区良好的经济环境，在远东经济超前发展区、滨海自由港建设规划中规定了包括税收、行政审批领域在内的若干优惠条件，加速招商引资。2016 年在《中华人民共和国和俄罗斯联邦联合声明》中，中俄元首明确了"大欧亚伙伴关系"的共同立场，表明了中俄政府关系的密切。2019 年 6 月，中俄元首决定将两国关系提升为"新时代中俄全面战略协作伙伴关系"，预示了两国关系发展的新高度和两国合作的新机遇。在此基础上，中国东北地区与俄罗斯远东地区必将更积极地联动，消除或减少合作障碍和制约因素，创建新型合作模式，搭建新平台，增强投资和工业化进程影响效应，发挥工业产出和双边贸易对区域经济增长的影响作用，通过跨境农工贸一体化形成中俄区域经济合作体。

参考文献

［1］ 邓正琦，李碧宏．区域经济联动与整合研究［M］．北京：中国社会科学出版社，2009．

［2］ 樊欢欢，刘荣，等．EViews统计分析与应用［M］．北京：机械工业出版社，2009．

［3］ 赵传君．创建中俄自由贸易区问题探索［M］．北京：社会科学文献出版社，2010．

［4］ 马友君．俄罗斯远东地区开发研究［M］．哈尔滨：黑龙江人民出版社，2011．

［5］ 陆南泉．中俄经贸关系现状与前景［M］．北京：中国社会科学出版社，2011．

［6］ 李光辉．东北亚区域经济一体化战略研究——基于东亚区域经济合作框架下的思考［M］．北京：中国商务出版社，2011．

［7］ 崔日明，等．东北老工业基地振兴与东北亚区域经济合作互动研究［M］．北京：经济科学出版社，2011．

［8］ 张成思．金融计量学——时间序列分析视角［M］．北京：中国人民

大学出版社，2012.

[9]　李嫣怡，刘荣，丁维岱，等. EViews 统计分析与应用修订版 [M].
北京：电子工业出版社，2013.

[10]　朱建平，胡朝霞，王艺明. 高级计量经济学导论 [M]. 北京：北京
大学出版社，2009.

[11]　李子奈，叶阿忠. 高级应用计量经济学 [M]. 北京：清华大学出版
社，2012.

[12]　敖丽红. 区域间创新联动发展机制与对策研究——以辽宁沿海经济带
与长吉图区域为例 [M]. 北京：知识产权出版社，2012.

[13]　黎鹏. 提升沿边开放与加强跨国区域合作研究——以 CAFTA 背景下中
国西南边境跨国区域为例 [M]. 北京：经济科学出版社，2012.

[14]　李铁. 中国东北地区面向东北亚区域合作开放战略研究 [M]. 长春：
吉林人民出版社，2014.

[15]　李永全. 俄罗斯发展报告（2014）[M]. 北京：社会科学文献出版
社，2014.

[16]　朱显平，季塔连科. 俄罗斯东部与中国东北的互动发展及能源合作研
究 [M]. 长春：长春出版社，2013.

[17]　周延丽，史春阳. 中国东北振兴战略与俄罗斯开发远东战略的联动趋
势 [J]. 俄罗斯中亚东欧市场，2006（12）：35-38.

[18]　李传勋. 中国东北经济区与俄远东地区经贸科技合作战略升级问题研
究 [J]. 西伯利亚研究，2008（3）：5-14.

[19]　张弛，邹雨霏. 中国东北与俄远东地区贸易非对称依赖分析 [J]. 沈
阳工业大学学报：社会科学版，2014（2）：115-119.

[20]　殷红. 建立东北地区对俄合作协调机制的必要性及可行性分析——基
于俄罗斯远东国际合作地区协调机制的经验 [J]. 东北亚论坛，
2012（1）：106-112.

[21]　戚文海. 后金融危机时期的中俄区域合作——联动趋势、战略转换与
优先领域 [J]. 俄罗斯中亚东欧市场，2012（6）：35-44.

[22]　马友君. 东北地区加快落实《中俄合作规划纲要》对策研究 [J]. 黑
龙江社会科学，2013（1）：73-77.

[23]　郭力. 俄罗斯经济发展战略东移的新举措及中俄区域合作新机遇 [J].
俄罗斯中亚东欧市场，2012（12）：6-10.

[24] 姜振军. 中俄区域经贸合作面临的不利因素和良好机遇分析 [J]. 俄罗斯中亚东欧市场, 2011 (10): 7-10.

[25] 邢广程. 俄罗斯的欧亚选择与中俄边疆区域合作 [J]. 中国边疆史地研究, 2010 (4): 1-13, 148.

[26] 阿塔诺夫.《2018年前俄联邦远东和东西伯利亚与中国东北地区合作纲要》实现的条件和风险研究 [J]. 陈秋杰, 译. 西伯利亚研究, 2010, 37 (5): 11-12.

[27] 佩切利察 В Ф. 中俄东部区域合作问题探析 [J]. 钟建平, 译. 俄罗斯学刊, 2013 (3): 21-24.

[28] МИНАКИР П А. Экономическое сотрудничество Дальнего Востока России и стран Азиатско - тихоокеанского региона [M]. Хабаровск: РИОТИП, 2007.

[29] КУЧЕРЯВЕНКО В Е. Северо - восток Китая в условиях реализации плана [J]. Пространственная Экономика, 2009 (6): 140-158.

[30] ЗАУСАЕВ В К. Проблемы ускоренного развития Дальнего Востока России [J]. Журнал Института России Хэйлунцзянского Университета, 2012, 6 (45): 22-30.

[31] БАРДАЛЬ А, ЗАОСТРОВСКИЙ Е. Дальний Восток - 2050: транспортная инфраструктура международного сотрудничества [J]. Проблемы Дальнего Востока, 2012 (5): 3-13.

[32] МИНАКИР П, ПРОКАПАЛО О. Программы и стратегии развития российского Дальнего Востока [J]. Проблемы Дальнего Востока, 2011 (5): 93-104.

[33] Нехорошков В. Россия - Китай: факторы регионального сотрудничества [J]. Проблемы Дальнего Востока, 2011 (2): 57-62.

[34] Бардаль А. Транспортные связи Дальнего Востока РФ с Китаем: текущее состояние и перспективные проекты [J]. Проблемы Дальнего Востока, 2010 (5): 61-71.

[35] АЛЕКСАНДРОВА М В. Четверть века торгово - экономического сотрудничества РФ и КНР (на примере провинции Хэйлунцзян) [J]. Проблемы Дальнего Востока, 2009 (6): 56-72.

[36] КОРЖУБАЕВ А. Комплексное освоение ресурсов газа на востоке

России [J]. Проблемы Дальнего Востока, 2009 (3): 94-109.

[37] ТРЕТЬЯКОВ Р А, ШАРКО Е Е, ОМЕЛЬЧУК В А. Тенденции и проблемы развития машиностроения Дальнего Востока [C]. Материалы научно - практической конференции с международным участием. Хабаровск: Изд-во ООО «Амурпринт», 2010.

[38] ТРЕТЬЯКОВ Р А, ШАРКО Е Е, ОМЕЛЬЧУК В А. Экономика, образование, культура: перспективы кооперативного развития на Дальнем Востоке и в странах АТР [C]. Материалы научно - практической конференции с международным участием. Хабаровск: Изд-во ООО «Амурпринт», 2010.

附　录

附录 1　　　　　　　　　　　　　**原始数据表**

<table>
<tr><td colspan="7">俄罗斯远东地区</td></tr>
<tr>
<th>年份</th>
<th>地区生产总值
（百万卢布）</th>
<th>固定资产投资
（百万卢布）</th>
<th>出口额
（百万美元）</th>
<th>进口额
（百万美元）</th>
<th>进出口总额
（百万美元）</th>
<th>工业增加值
（百万卢布）</th>
</tr>
<tr><td>1998</td><td>144 168.40</td><td>20 793.50</td><td>1 064.5419</td><td>5.616</td><td>1 070.1579</td><td>83 297.00</td></tr>
<tr><td>1999</td><td>234 929.30</td><td>40 621.00</td><td>1 317.8183</td><td>17.504</td><td>1 335.3223</td><td>155 290.00</td></tr>
<tr><td>2000</td><td>308 801.50</td><td>53 589.00</td><td>1 416.8383</td><td>49.950</td><td>1 466.7883</td><td>234 255.00</td></tr>
<tr><td>2001</td><td>391 749.70</td><td>85 743.40</td><td>1 519.4147</td><td>96.187</td><td>1 615.6017</td><td>276 033.00</td></tr>
<tr><td>2002</td><td>471 105.90</td><td>113 779.30</td><td>2 063.9665</td><td>163.185</td><td>2 227.1515</td><td>307 248.00</td></tr>
<tr><td>2003</td><td>561 093.60</td><td>135 722.70</td><td>3 018.7027</td><td>537.9272</td><td>3 556.6298</td><td>355 955.00</td></tr>
<tr><td>2004</td><td>678 448.40</td><td>216 743.50</td><td>4 105.80</td><td>1 831.40</td><td>5 937.20</td><td>410 524.00</td></tr>
<tr><td>2005</td><td>826 421.70</td><td>234 124.60</td><td>6 107.40</td><td>4 302.60</td><td>10 410.00</td><td>432 335.00</td></tr>
<tr><td>2006</td><td>999 073.10</td><td>313 702.40</td><td>5 718.30</td><td>5 287.50</td><td>11 005.80</td><td>496 763.00</td></tr>
<tr><td>2007</td><td>1 277 126.70</td><td>414 588.80</td><td>8 106.30</td><td>5 624.00</td><td>13 730.30</td><td>680 358.00</td></tr>
<tr><td>2008</td><td>1 534 867.90</td><td>564 167.60</td><td>11 229.80</td><td>6 552.50</td><td>17 782.30</td><td>813 595.00</td></tr>
<tr><td>2009</td><td>1 730 519.20</td><td>838 491.20</td><td>7 694.20</td><td>3 473.10</td><td>11 167.30</td><td>871 182.00</td></tr>
</table>

续表

		俄罗斯远东地区			
年份	地区生产总值 （百万卢布）	固定资产投资 （百万卢布）	出口额 （百万美元）	进口额 （百万美元）	进出口总额 （百万美元）	工业增加值 （百万卢布）
2010	2 110 720.60	725 658.90	13 991.10	5 737.20	19 728.30	1 134 224.00
2011	2 532 572.20	1 013 906.10	19 119.60	7 136.80	26 256.40	1 546 155.00
2012	2 702 292.00	940 142.00	17 924.80	8 000.80	25 925.60	1 729 062.29
2013	2 833 435.80	814 456.00	19 870.00	8 572.60	28 442.60	1 836 264.15
2014	3 222 508.10	820 142.20	28 491.30	10 488.60	38 979.90	1 933 586.15
2015	3 103 275.30	792 257.37	20 390.60	5 709.20	26 099.80	1 952 922.01

		中国东北老工业基地			
年份	地区生产总值 （亿元人民币）	固定资产投资 （亿元人民币）	出口额 （亿美元）	进口额 （亿美元）	进出口总额 （亿美元）	工业增加值 （亿元人民币）
1998	8 734.15	2 359.38	97.5715	68.9614	166.5329	3 618.37
1999	9 270.81	2 496.36	102.6879	83.8446	186.5325	3 871.51
2000	10 369.23	2 873.7829	137.0723	117.2080	254.2803	4 473.61
2001	11 197.78	3 268.2308	144.3663	132.3628	276.73906	4 653.00
2002	12 192.97	3 743.52	164.8951	149.5658	314.4609	4 964.84
2003	13 599.77	4 672.26	199.6271	197.3110	396.93814	5 558.08
2004	15 605.37	6 297.11	245.7019	254.2383	499.94018	6 309.55
2005	18 471.87	8 628.7155	322.5419	272.7766	595.31852	7 825.50
2006	21 407.87	11 768.3048	400.3697	323.1732	723.54286	9 235.06
2007	25 673.90	15 707.1428	518.5859	393.0534	911.6146	11 186.97
2008	31 203.85	21 159.6143	640.45481	489.6974	1 130.3523	14 066.46
2009	34 432.92	26 986.9612	475.0623	471.1305	946.1828	14 992.82
2010	41 540.97	35 428.6171	646.7666	628.5078	1 275.2744	19 013.92
2011	50 329.12	36 339.0426	748.9914	871.3598	1 620.3712	23 232.91
2012	56 267.08	46 672.09	797.6076	923.1500	1 721.4169	25 999.16
2013	60 850.52	51 469.797	890.5018	955.3851	1 847.6472	26 231.51
2014	63 973.99	50 435.54	848.5696	1 010.4670	1 859.0366	26 985.72
2015	64 940.62	31 877.78	659.2845	755.7891	1 415.0737	24 742.38

注：俄罗斯远东地区部分年份的工业增加值以及辽宁省 2013 年的工业增加值数据缺失，为确保数据的完整性和连续性，故采用平滑均值进行近似替代性分析。

附录 2 　　　　　　　　**对原始数据处理分析的数据表**

俄罗斯远东地区取对数数据

年 份	地区生产总值	固定资产投资	出口额	进口额	进出口总额	工业增加值	工业化率
	lnGDPRU	lnIRU	lnEXRU	lnIMRU	lnEIRU	lnIDURU	lnRATERU
1998	5.000926	3.064584	2.365130	-2.879550	2.370391	4.452356	3.186353
1999	4.558311	2.803311	2.578563	-1.742740	2.591758	4.144320	3.212858
2000	4.698483	2.947128	2.651013	-0.694150	2.685660	4.422194	3.238678
2001	4.900102	3.380838	2.720910	-0.038880	2.782293	4.549999	3.263849
2002	5.012518	3.591695	3.027215	0.489714	3.103308	4.585090	3.288402
2003	5.208471	3.789197	3.407412	1.682553	3.571399	4.753387	3.312366
2004	5.461532	4.320438	3.714986	2.907666	4.083823	4.959158	3.391147
2005	5.677394	4.416142	4.112086	3.761805	4.645352	5.029490	3.328627
2006	5.906527	4.748144	4.046257	3.967931	4.701007	5.207812	3.269569
2007	6.213103	5.088022	4.395227	4.029628	4.922190	5.583354	3.478158
2008	6.425806	5.424958	4.721156	4.182432	5.180789	5.791069	3.440418
2009	6.301184	5.576611	4.343052	3.547633	4.715575	5.614858	3.453157
2010	6.543980	5.476276	4.941007	4.049556	5.284639	5.922900	3.526361
2011	6.759194	5.843768	5.253299	4.267850	5.570495	6.265729	3.591818
2012	6.775628	5.719803	5.188770	4.382127	5.557816	6.329107	3.594569
2013	6.791201	5.544476	5.291796	4.451156	5.650473	6.357444	3.605498
2014	6.733016	5.364578	5.652184	4.652874	5.965631	6.222232	3.613617
2015	6.232942	4.867614	5.317659	4.044664	5.564513	5.769810	3.624341

续表

中国东北老工业基地取对数数据

年 份	地区生产总值	固定资产投资	出口额	进口额	进出口总额	工业增加值	工业化率
	lnGDPCN	lnICN	lnEXCN	lnIMCN	lnEICN	lnIDUCN	lnRATECN
1998	6.961274	5.652432	4.580585	4.233547	5.115193	6.080057	3.723953
1999	7.021025	5.708988	4.631694	4.428965	5.228605	6.147798	3.731944
2000	7.132876	5.849662	4.920509	4.763950	5.538437	6.292229	3.764523
2001	7.209990	5.978523	4.972354	4.885546	5.623075	6.331787	3.726967
2002	7.295134	6.114301	5.105310	5.007736	5.750860	6.396656	3.706692
2003	7.404328	6.335918	5.296451	5.284781	5.983780	6.509527	3.710370
2004	7.541890	6.634365	5.504119	5.538272	6.214488	6.636339	3.699619
2005	7.720602	6.959449	5.776233	5.608653	6.389097	6.861741	3.746309
2006	7.895453	7.297104	5.992388	5.778188	6.584160	7.054702	3.764419
2007	8.124030	7.632671	6.251106	5.973945	6.815217	7.293305	3.774445
2008	8.409699	8.021252	6.462179	6.193788	7.030285	7.612951	3.808422
2009	8.525297	8.281638	6.163446	6.155135	6.852436	7.693856	3.773729
2010	8.721934	8.562774	6.471985	6.443348	7.150917	7.940426	3.823661
2011	8.960555	8.634864	6.618728	6.770055	7.390411	8.187541	3.832156
2012	9.095412	8.908449	6.681617	6.827792	7.450903	8.323367	3.833125
2013	9.192272	9.024847	6.791785	6.862115	7.521668	8.350813	3.763711
2014	9.250919	9.013138	6.743552	6.918168	7.527814	8.387750	3.742001
2015	9.251852	8.540288	6.491155	6.627762	7.254937	8.286897	3.640214

索　引

Study on the Linkage Effect Between the Revitalization o

Old Industrial Base in Northeast China and the
Development of the Russian Far-East

中国东北老工业基地振兴与
俄罗斯远东开发联动效应研究

于慧玲 李凌艳 卢春月 ◎ 著

孙先民 ◎ 审

ISBN 978-7-5654-3567-6

9 787565 435676 >

定价: 48.00元